HEALTHY SWEETS

by Ann

książki Burda

ANNA LEWANDOWSKA

HEALTHY SWEETS

by Ann

SPIS TREŚCI

SŁODKIE ŚNIADANIA

ROZDZIAŁ

01

Gryczanka z kokosem

1 PORCJA (OK. 470 KCAL)

SKŁADNIKI:

- 5 łyżek kaszy gryczanej niepalonej
- 3/4 szklanki napoju kokosowego
- 1/4 szklanki wody
- 1 1/2 łyżki wiórków kokosowych
- 1 łyżeczka cukru kokosowego (opcjonalnie)
- 1 łyżeczka LIO Shake Żurawina (opcjonalnie)
- 1 szklanka borówek
- 2 łyżki jagód goji

Kaszę gryczaną ugotuj na napoju kokosowym i wodzie z dodatkiem wiórków kokosowych. Dodaj cukier kokosowy, borówki, LIO Shake Żurawina i jagody goji.

Pudding chia na drugie śniadanie

2 PORCJE (1 PORCJA – OK. 350 KCAL)

SKŁADNIKI:

- 1 banan
- 1 mango
- 200 ml napoju roślinnego
- 2 łyżki nasion chia
- 1 łyżeczka kakao

DODATKI

- płatki kokosowe
- borówki
- 2–3 kostki gorzkiej czekolady
- 1 łyżka pasty orzechowej Truskawka Foods by Ann (opcjonalnie)

Mango obierz i pokrój w kostkę (część pokrojonego mango zostaw do dekoracji). Wrzuć do kielicha blendera, dodaj banana, nasiona chia, kakao oraz napój roślinny. Całość zblenduj i przelej do słoiczka. Pudding udekoruj dodatkami i odstaw do lodówki na 3 godziny. Jeśli chcesz, żeby pudding był słodszy, możesz dodać także 2–3 kostki czekolady i pastę orzechową Truskawka Foods by Ann.

Pudding chia z mango

2 PORCJE (1 PORCJA – OK. 440 KCAL)

Mango jest bogatym źródłem witamin o właściwościach antyoksydacyjnych, zwłaszcza karotenoidów i witaminy C. Owoc ten ponadto dostarcza organizmowi błonnik i mangiferynę. Magniferyna jest polifenolem, wykazującym działanie antyoksydacyjne. Według naukowców działa przeciwzapalnie, immunomodulująco. Pomaga zwalczać drobnoustroje i wirusy. Mango używa się zwykle do przygotowania sałatek owocowych, lodów, słodkich potraw i przystawek. Oto mój przepis na pyszny pudding chia z mango.

SKŁADNIKI:

PUDDING

- 1 szklanka napoju kokosowego
- 1 szklanka napoju migdałowego
- 1/3 szklanki nasion chia
- 1/3 szklanki wiórków kokosowych
- 2 łyżki syropu klonowego

MUS Z MANGO

- 1 duże mango
- 2 łyżki syropu klonowego

W misce wymieszaj dokładnie (rób to energicznie przez kilka minut) napój kokosowy oraz migdałowy, nasiona chia, wiórki kokosowe i syrop klonowy. Pudding wstaw do lodówki na około 1 godzinę. Następnie przygotuj mus – zblenduj mango z syropem klonowym. Wyłóż mus na dno naczyń lub na pudding i ponownie wstaw do lodówki. Całość możesz udekorować dowolnymi ulubionymi owocami.

Gofry bezglutenowe by Ann

OK. 6 GOFRÓW (1 GOFR – OK. 150 KCAL)

SKŁADNIKI:

- 100 g mąki owsianej bezglutenowej
- 30 g mąki ryżowej
- 4 jajka
- 200 ml bezglutenowego napoju owsianego (lub innego napoju roślinnego)
- 1 łyżeczka miodu
- 1 szczypta soli morskiej
- 1 szczypta sody oczyszczonej lub proszku do pieczenia
- odrobina oleju kokosowego

Wszystkie składniki dobrze wymieszaj. Natłuść gofrownicę, wlewaj do niej ciasto i piecz gofry przez kilka minut.

Podawaj z domowymi dżemami, konfiturami, zmiksowanymi owocami lub musem kokosowym Foods by Ann.

Granola z rozgrzewającymi przyprawami

10 PORCJI (1 PORCJA – OK. 300 KCAL)

Oto przepis na pyszną domową, chrupiącą granolę. Możesz przechowywać ją w szczelnym słoiku przez 2–3 tygodnie. Chyba że zniknie prędzej. ☺ Dodaj granolę do jogurtu roślinnego i masz błyskawiczne, zdrowe i pyszne śniadanie!

SKŁADNIKI:

- 2½ szklanki płatków owsianych bezglutenowych
- ½ banana pokrojonego w półksiężyce
- 8 łyżek syropu klonowego lub miodu
- 5 łyżek rodzynek
- 4 łyżki oleju kokosowego
- 4 łyżki orzechów laskowych
- 3–4 łyżki pestek słonecznika
- 3 łyżki wiórków kokosowych
- 1 łyżeczka ekstraktu z wanilii
- 1 łyżeczka cynamonu
- ½ łyżeczki mielonego imbiru
- ½ łyżeczki mielonego kardamonu
- ¼ łyżeczki gałki muszkatołowej

Wszystkie składniki (prócz rodzynek) dokładnie wymieszaj, dodając rozpuszczony tłuszcz, syrop klonowy lub miód oraz przyprawy. Dodaj przyprawy według upodobań (jeśli któregoś ze składników nie lubisz lub jest zbyt intensywny w smaku, nie dodawaj go). Mieszankę wysyp na blaszkę wyłożoną papierem i piecz przez 20–30 minut w temperaturze 140°C. W trakcie pieczenia całość przemieszaj 3 razy. Na koniec dodaj rodzynki.

Malinowa miska zdrowia

1 PORCJA (OK. 500 KCAL)

Malinową miskę zdrowia możesz przygotować w większej ilości i przechowywać przez kilka dni w słoiku w lodówce. Kolejny sposób na oszczędność czasu od rana. ☺

SKŁADNIKI:

- 100 g mrożonego mango
- 100 g mrożonych malin
- 1 szklanka napoju kokosowego (lub innego napoju roślinnego)
- 1½ łyżki nasion chia
- ¼ szklanki siemienia lnianego
- 1 łyżka miodu miodu
- 1 szczypta soli morskiej
- 1 garść malin/jagód/borówek/orzechów (do posypania)

Mrożone owoce zostaw na chwilę w temperaturze pokojowej. Następnie wymieszaj je z napojem kokosowym. Całość zblenduj. Do przecieru owocowego dodaj nasiona chia, siemię lniane, miód oraz sól, i odstaw na 10–15 minut. Mus możesz podawać z granolą oraz owocami i orzechami.

Mus jabłkowo-gruszkowy z granolą

1 PORCJA (OK. 110 KCAL)

SKŁADNIKI:

- 80 g jabłek (ok. ½ sztuki)
- 80 g gruszek (ok. ½ sztuki)
- 1 łyżka LIO Shake Malina (opcjonalnie)
- 1 łyżka sproszkowanego korzenia macy

Przygotuj mus: z owoców usuń gniazda nasienne. Owoce obierz i ugotuj, następnie wszystkie składniki zblenduj.

Podawaj z granolą.

Zdrowy budyń śniadaniowy

1 PORCJA (OK. 460 KCAL)

Cukier kokosowy pozyskiwany jest z soku palmy kokosowej, z którego odparowano wodę. Posiada głęboki brązowy kolor oraz intensywny karmelowy zapach. Jest mniej słodki niż biały cukier, ale dodany do potraw nadaje im wyjątkowy smak i aromat. Posiada niższy indeks glikemiczny niż biały cukier, dla którego jest doskonałą alternatywą.

Co powiesz na pyszny śniadaniowy budyń z cukrem kokosowym? Zdrowo, a jednocześnie smacznie. Obiecuję – nie pożałujesz!

SKŁADNIKI:

- 50 g ryżu basmati
- 100 ml mleczka kokosowego (gęsta część)
- 1 łyżka cukru kokosowego
- 1 łyżka oleju kokosowego
- 1 łyżka kakao
- 1 garść owoców leśnych do dekoracji

Ryż ugotuj na mleczku kokosowym. Gdy ryż wchłonie już mleczko, dolej wodę. Następnie dodaj wszystkie składniki poza kakao i zblenduj. Przełóż budyń do miseczek. Udekoruj owocami i posyp kakao.

Owsianka ze śliwką, siemieniem lnianym i miodem

1 PORCJA (OK. 560 KCAL)

SKŁADNIKI:

- 50–70 g płatków owsianych
- 1 szklanka napoju migdałowego lub innego napoju roślinnego
- 1 dowolny owoc (np. gruszka, kaki)
- 3–4 suszone śliwki
- 2 łyżki siemienia lnianego zmielonego w młynku do kawy
- 1 łyżka miodu
- 1 szczypta kurkumy
- 1 łyżeczka oleju z orzecha włoskiego (opcjonalnie)

Płatki owsiane namocz na noc w zimnej wodzie. Rano ugotuj je, dodając napój roślinny. Dodaj zmielone siemię lniane, pokrojony owoc, miód, szczyptę kurkumy oraz śliwki. Opcjonalnie możesz dodać 1 łyżeczkę oleju z orzecha włoskiego.

Owsianka z karmelizowanymi bananami i czekoladą

1 PORCJA (OK. 620 KCAL)

SKŁADNIKI:

- 50–70 g płatków owsianych bezglutenowych
- 150 ml napoju roślinnego (kokosowego lub owsianego)
- 1 banan
- 1 łyżka oleju kokosowego
- ½ łyżki cukru kokosowego
- 3 kostki gorzkiej czekolady
- 1 łyżka nasion chia
- 1 łyżka musu kokosowego (opcjonalnie)

Płatki ugotuj na napoju roślinnym z dodatkiem nasion chia. Następnie na patelni rozpuść olej kokosowy, dodaj cukier, poczekaj, aż się rozpuści, i włóż na patelnię pokrojonego w plasterki banana. Karmelizuj po 3 minuty z każdej strony. Następnie dodaj plasterki banana do owsianki, posyp odrobiną cukru kokosowego i startą na tarce gorzką czekoladą. Możesz też dodać do owsianki mus kokosowy.

Czekoladowy przekładaniec z nadzieniem

1 PORCJA (OK. 680 KCAL)

SKŁADNIKI:

- 2 jajka
- 1 łyżka kakao
- 2 łyżki mąki owsianej/kasztanowej (kasztanowa daje słodkawy smak)
- 2 łyżki napoju roślinnego
- 2 łyżki np. ksylitolu
- 2–3 kostki czekolady na polewę
- 1 szklanka jogurtu roślinnego
- 1 łyżka nasion chia
- 2 łyżki wiórków kokosowych

Jogurt, nasiona chia, 1 łyżkę ksylitolu, wiórki kokosowe energicznie wymieszaj, ze względu na nasiona chia, zblenduj i odstaw na noc. Następnego dnia przygotuj omlet: zmiksuj mąkę, jajka, kakao, 1 łyżkę ksylitolu, napój roślinny, 2 łyżki jogurtu i kakao. Usmaż omlet na patelni i odstaw na bok, aby ostygł (inaczej, kiedy dasz nadzienie, jogurt się rozpuści). Posmaruj omlet nadzieniem przygotowanym poprzedniego dnia. Polej polewą czekoladową (czekoladę rozpuść w rondelku) i posyp wiórkami.

Warszawa
Polonia

Jeżynowa owsianka z masłem klarowanym ghee

1 PORCJA (OK. 540 KCAL)

Masło klarowane ghee według najstarszej medycyny – ajurwedy – przywraca równowagę w organizmie i ma wiele właściwości leczniczych. Ajurwedyjscy lekarze używają masła klarowanego ghee niemal do wszystkiego – od odmładzania skóry, po obniżanie choresterolu i regulowanie gospodarki hormonalnej.

SKŁADNIKI:

- 50 g płatków owsianych bezglutenowych
- 1 szklanka napoju roślinnego (np. migdałowego)
- 1 szklanka jeżyn lub innych owoców leśnych
- 1 łyżka syropu klonowego lub cukru kokosowego
- 1 łyżka masła klarowanego ghee
- 1 łyżka siemienia lnianego
- 1 łyżka wiórków kokosowych
- 1 szczypta gałki muszkatołowej
- 1 szczypta cynamonu
- 1 szczypta ziarenek wanilii
- 1 szczypta soli

Owsiankę ugotuj na napoju roślinnym, dodając przyprawy, wiórki kokosowe i siemię lniane. Gotuj ją do miękkości płatków, a potem dodaj syrop klonowy i ½ szklanki jeżyn. Owoce lekko rozgnieć widelcem, tak aby puściły sok. Dodaj masło klarowane ghee. Na koniec posyp owsiankę pozostałymi jeżynami.

Owsianka waniliowa z marchewką

1 PORCJA (OK. 500 KCAL)

Owsianka waniliowa z marchewką to świetny pomysł na pyszne i zdrowe śniadanie, zwłaszcza zimą i jesienią. Dodałam do niej orzechy, nasiona chia, cynamon i miód. Nie tylko wzbogaciły smak potrawy, ale także poprawiły jej wartość odżywczą. Zarówno nasiona chia, jak i orzechy są bogatym źródłem kwasów omega-3. Ponadto, oba te produkty dostarczają nam także białka, błonnika, szeregu witamin i składników mineralnych. Z kolei cynamon i miód działają przeciwbakteryjnie, a także są dobrym źródłem przeciwutleniaczy. Dzięki nim owsianka nie tylko świetnie smakuje, ale też rozgrzewa i stymuluje nasz organizm do walki z infekcją czy przeziębieniem. Jest więc idealnym rozwiązaniem na mroźne zimowe poranki.

SKŁADNIKI:

- 50 g płatków owsianych
- 1 szklanka napoju migdałowego lub innego napoju roślinnego
- ½ szklanki wody
- 1 marchewka
- 3 daktyle bez pestek
- 1–2 łyżeczki miodu
- 1 łyżeczka wanilii
- ½ łyżeczki cynamonu
- 1½ łyżki nasion chia
- 1 szczypta soli morskiej
- kilka dowolnych orzechów

Płatki owsiane namocz na noc w napoju roślinnym. Rano dodaj wodę i ugotuj na średnim ogniu. Marchewkę umyj, obierz i zetrzyj na tarce. Dodaj do ugotowanych płatków pokrojone daktyle, nasiona chia, przyprawy i ¾ startej marchewki. Wszystko podgotuj. Na koniec dodaj miód, pozostałą część startej marchewki oraz pokruszone orzechy.

RACUSZKI I PLACUSZKI

ROZDZIAŁ 02

Racuszki imbirowe z brzoskwinią

OK. 8–10 SZTUK (1 SZTUKA – OK. 130 KCAL)

SKŁADNIKI:

- 2½–3 szklanki mąki owsianej bezglutenowej
- 1½ szklanki ciepłego napoju roślinnego
- 1 jajko
- 10 g drożdży
- 1 duża brzoskwinia
- 1 garść borówek
- 1 łyżka cukru kokosowego
- kawałek imbiru (ok. 2–3 cm)
- 1 łyżeczka masła klarowanego ghee do smażenia
- ¼ łyżeczki cynamonu

Imbir zetrzyj na tarce. Wymieszaj mąkę, ciepły napój roślinny, jajko, drożdże, starty imbir i cukier kokosowy. Brzoskwinię pokrój w paseczki. Na patelni rozgrzej masło klarowane i nakładaj ciasto, formując racuszki. Na wierzch połóż plasterki brzoskwini. Smaż, aż racuszki nabiorą złocistego koloru. Gotowe racuszki oprósz cynamonem i posyp borówkami.

Jesienne racuszki z jabłkiem

OK. 8 SZTUK (1 SZTUKA – OK. 150 KCAL)

SKŁADNIKI:

- 2½–3 szklanki mąki owsianej
- 1½ szklanki ciepłego napoju roślinnego
- 1 jajko
- 1 duże jabłko
- 10 g drożdży
- 1 łyżka cukru kokosowego
- 1 łyżeczka oleju kokosowego do smażenia
- 1 szczypta cynamonu

Wymieszaj mąkę, ciepły napój roślinny, jajko, drożdże i cukier kokosowy. Jabłko pokrój w plasterki. Na patelni rozgrzej olej kokosowy i nakładaj ciasto, formując racuszki. Na wierzch połóż plasterki jabłka. Smaż, aż racuszki nabiorą złocistego koloru. Gotowe racuszki oprósz cynamonem. Smacznego!

Placuszki marchewkowe z dżemem
(bez glutenu, bez laktozy, bez jajek)

OK. 8 SZTUK (1 SZTUKA – OK. 100 KCAL)

Nie jest łatwo usmażyć placuszki bez jajek, ale przecież nie ma rzeczy niemożliwych. ☺ W placuszkach marchewkowych, jako zamiennika jaj, użyłam siemienia lnianego. Jeżeli zachowasz odpowiednie proporcje (1 jajko = 2 łyżki mielonego siemienia lnianego + 1/3 szklanki gorącej wody), placuszki na pewno się udadzą i będą smakowały wspaniale!

SKŁADNIKI:

- 1 szklanka napoju owsianego bezglutenowego lub innego napoju roślinnego
- 1/2 szklanki mąki owsianej bezglutenowej
- 2 marchewki
- 2 łyżki zmielonego siemienia lnianego
- 1/3 szklanki gorącej wody
- 1 1/2 łyżki mąki kokosowej
- 1 łyżeczka cynamonu
- 1/2 łyżeczki proszku do pieczenia
- 1 szczypta kardamonu
- 1 łyżka oleju kokosowego do smażenia
- 2 łyżki ulubionego dżemu

Marchewkę zetrzyj na dużych oczkach tarki, dodaj zmielone siemię lniane i zalej gorącą wodą. Mieszaj aż do uzyskania masy o konsystencji żelu, a następnie dodaj resztę składników i dobrze wymieszaj. Na patelni rozgrzej olej kokosowy i nakładaj ciasto, formując placuszki. Smaż je, aż nabiorą złocistego koloru. Placuszki podawaj z ulubionym dżemem.

Placuszki bananowe z płatkami owsianymi

OK. 8 SZTUK (1 SZTUKA – OK. 100 KCAL)

SKŁADNIKI:

- 80 g płatków owsianych (ok. 3/4 szklanki)
- 3 jajka
- 2 duże banany
- 1 szczypta cynamonu
- 1 szczypta wanilii
- 1 łyżeczka masła klarowanego ghee do smażenia

Płatki owsiane, jajka, banany, cynamon oraz wanilię zblenduj i odstaw na 15 minut. Jeśli ciasto jest za gęste, możesz dodać odrobinę napoju roślinnego lub jogurtu roślinnego. Na patelni rozgrzej masło klarowane ghee i nakładaj ciasto, formując placuszki (najlepiej na środku patelni). Smaż je, aż nabiorą złocistego koloru. Uważaj, żeby nie podsmażyć ich zbyt mocno, bo nie będą pulchne. Placuszki podawaj z dowolnymi ulubionymi owocami.

Placuszki z banana i awokado

OK. 8 SZTUK (1 SZTUKA – OK. 100 KCAL)

SKŁADNIKI:

- 2 banany
- 1 awokado
- 1 jajko
- 5 łyżek ugotowanego ryżu
- 2 łyżki LIO Shake Szpinak (opcjonalnie)
- 1 łyżka masła klarowanego ghee

Wszystkie składniki, poza masłem klarowanym ghee, zblenduj na gładką masę.

Na patelni rozgrzej masło klarowane ghee i nakładaj niewielkie porcje masy, formując placuszki. Smaż je pod przykryciem po kilka minut z jednej i z drugiej strony, aż się zarumienią.

MUS
KOKOSOWY
EKOLOGICZNY

Placuszki jabłkowo-kokosowe

OK. 8 SZTUK (1 SZTUKA – OK. 80 KCAL)

SKŁADNIKI:

- 3 łyżki mąki ziemniaczanej, mąki z tapioki lub mąki kasztanowej
- 2 jajka
- 1 jabłko
- 1 łyżka wiórków kokosowych
- 1 łyżeczka musu kokosowego
- 3/4 łyżeczki oleju kokosowego do smażenia
- maliny i borówki do posypania

Jabłko zetrzyj na tarce i odciśnij sok. Do startego jabłka dodaj jajka, mąkę, wiórki kokosowe i dobrze wymieszaj. Na patelni rozgrzej olej kokosowy i nakładaj ciasto, formując placuszki. Na wierzch połóż plasterki jabłka. Smaż z dwóch stron, aż nabiorą złocistego koloru. Gotowe placuszki podawaj posypane owocami, z dodatkiem musu kokosowego.

Placuszki migdałowe z musem jabłkowym

3 SZTUKI (1 SZTUKA – OK. 130 KCAL)

Oto przepis na przepyszne placuszki, które będą smakować zarówno dzieciom, jak i dorosłym. Sprawdzą się one idealnie na rodzinne śniadanie. Dodałam mąkę migdałową, ponieważ migdały posiadają wiele cennych składników. Znajdziemy w nich witaminy, takie jak B2, B3 i E, potas, magnez i błonnik, a także nienasycone kwasy tłuszczowe.

SKŁADNIKI:

PLACUSZKI

- 2 łyżki mąki migdałowej
- 1 łyżka mąki owsianej
- 1 jajko
- 1 łyżeczka masła klarowanego ghee
- 1 szczypta cynamonu
- 1 szczypta soli morskiej

MUS JABŁKOWY

- 1 jabłko
- 1 szczypta cynamonu
- płatki migdałowe (do posypania)

Przygotuj mus jabłkowy. Jabłka umyj, pozbaw gniazd nasiennych, obierz i zetrzyj na tarce. Duś w niewielkiej ilości wody ze szczyptą cynamonu, aż osiągną konsystencję musu.

Mąkę migdałową, mąkę owsianą, jajko, cynamon i sól dokładnie wymieszaj. Na patelni rozgrzej masło klarowane ghee i nakładaj niewielkie porcje masy, formując placuszki. Smaż je pod przykryciem po kilka minut z jednej i z drugiej strony, aż się zarumienią.

Podawaj placuszki z musem jabłkowym oraz płatkami migdałów.

CIASTA

ROZDZIAŁ

03

Blok czekoladowy

5–6 PORCJI (1 PORCJA – OK. 260 KCAL)

SKŁADNIKI:

- ok. 100 g daktyli bez pestek
- 60 ml napoju roślinnego
- ok. 120–140 g czekolady
- 2 łyżki oleju kokosowego
- 50 g orzechów laskowych

Daktyle zalej gorącą wodą, rozpuść olej kokosowy wraz z czekoladą, a orzechy rozkrusz.

Zblenduj wszystko wraz z daktylami i napojem, następnie dodaj orzechy. Masę przełóż do pojemniczka i wstaw do zamrażalnika na ok. 40 minut. Pokrój w kostki.

Brownie z batatów

8–9 PORCJI (1 PORCJA – OK. 305 KCAL)

SKŁADNIKI:

CIASTO:

- 200 g batatów
- 100 g daktyli bez pestek
- 50 g rodzynek
- 3 jajka
- 1 tabliczka czekolady
- 3 łyżki kakao
- 2 łyżki oleju kokosowego
- 1 łyżeczka proszku do pieczenia
- 1 szczypta cynamonu

POLEWA CZEKOLADOWA

- 1 tabliczka gorzkiej czekolady
- 2 łyżki oleju kokosowego

Umyj i obierz bataty, pokrój je na mniejsze kawałki i ugotuj w garnku aż do miękkości. Daktyle namocz w gorącej wodzie na 15 minut. Następnie odlej wodę i przełóż daktyle do miski, dodaj wszystkie inne składniki – poza rodzynkami. Miksuj do uzyskiwania jednolitej masy. Na koniec dodaj rodzynki i wymieszaj je z masą. Przelej masę do dużej foremki i posyp cynamonem. Piecz przez ok. 60 minut w temperaturze 180°C, sprawdzając patyczkiem, czy ciasto jest gotowe. Po upływie czasu pieczenia pozostaw ciasto jeszcze chwilę w wyłączonym piekarniku. Następnie odstaw do ostygnięcia. Przygotuj polewę: na małym ogniu rozpuść czekoladę i olej, dobrze wymieszaj. Ciepłą polewą polej ciasto.

„Kopiec kreta" w zdrowej wersji

9–10 PORCJI (1 PORCJA – OK. 240 KCAL)

SKŁADNIKI:

- 200 g mleczka kokosowego (gęsta część)
- 100 g mąki ryżowej
- 120 g ksylitolu lub cukru kokosowego
- 4 jajka
- 2 banany
- 2 łyżki kakao
- 4 łyżki oleju kokosowego
- kilka kropli soku z cytryny

Mleczko kokosowe wstaw do lodówki na 12 godzin.

Piekarnik rozgrzej do 180°C. Z białek ubij gęstą pianę, następnie dodaj do niej dobrze rozdrobniony cukier (ok. 70 g) i dalej ubijaj. Pod koniec ubijania dodaj żółtko, a następnie mąkę i kakao i wszystko dobrze wymieszaj. Przełóż ciasto do foremki i piecz przez 30–35 minut.

Przygotuj masę. Ksylitol lub cukier kokosowy (40 g) zmiel na puder. Następnie dodaj go do schłodzonego mleczka kokosowego (pamiętaj, żeby było ono bardzo gęste) i dobrze ubij.

Z upieczonego i przestudzonego ciasta wydrąż nożem środek i odłóż go do miseczki – później posypiesz nim gotowy kopiec. Napełnij wydrążone ciasto masą kokosową. Banany pokrój w talarki i włóż je w śmietankę. Pokrop sokiem z cytryny, posyp pokruszonym środkiem ciasta i wstaw na 2 godziny do lodówki.

Brownie

12 PORCJI (1 PORCJA – OK. 310 KCAL)

SKŁADNIKI:

- 2 jajka
- 1 szklanka mąki migdałowej
- 1 szklanka masła klarowanego ghee
- ½ szklanki miodu
- ½ puszki mleczka kokosowego (gęsta część)
- 1 gorzka czekolada
- 20 g kakao
- 1 łyżeczka bezglutenowego proszku do pieczenia
- kakao i maliny (do dekoracji)

Do miski wrzuć gorzką czekoladę i masło klarowane ghee. Miskę postaw na kuchence na garnku z wrzątkiem lub wstaw do piekarnika i gotuj na parze, aż masło i czekolada się rozpuszczą. Wyjmij i dokładnie wymieszaj. Do pojemnika blendera wrzuć jajka i miód, zblenduj trzykrotnie (na programie 4), następnie dodaj rozpuszczoną czekoladę z masłem oraz mleczko kokosowe i ponownie zblenduj 3 razy (na programie 4). Wymieszaj mąkę i kakao z proszkiem do pieczenia, dodaj do masy i całość dwukrotnie zblenduj. Jeżeli składniki nie do końca się wymieszają, za pomocą szpatułki wmieszaj składniki do masy. Wlej ciasto do foremki i wstaw do piekarnika. Piecz przez ok. 50 minut w temperaturze 180°C. Posyp kakao i udekoruj malinami.

* forma do brownie: aluminiowa foremka 27×17 cm

VANILLE
SUCRE
CAFÉ
VERMICELLE
CHICORÉE
RIZ

Przepyszne ciasto czekoladowe

10–12 PORCJI (1 PORCJA – OK. 220 KCAL)

SKŁADNIKI:

- 2–3 banany
- 1 jajko
- 1½ szklanki mąki ryżowej
- 1 garść orzechów włoskich
- 1 garść rodzynek
- 8 łyżek cukru kokosowego
- 4 łyżki masła klarowanego ghee
- 3⅓ łyżki napoju roślinnego
- 3 łyżki kakao
- 2 łyżeczki cynamonu
- 1 łyżeczka proszku do pieczenia
- ½ łyżeczki soli morskiej

Banany rozgnieć. Wszystkie składniki wymieszaj. Piekarnik rozgrzej do 180°C. Podłużną foremkę wysmaruj tłuszczem (możesz też wyłożyć ją papierem do pieczenia). Ciasto przełóż do foremki. Piecz przez 40 minut, a następnie pozostaw w piekarniku do wystygnięcia.

Brownie z kokosową śmietanką i owocami

9–10 PORCJI (1 PORCJA – OK. 370 KCAL)

SKŁADNIKI:

CIASTO

- 100 g oleju kokosowego
- 100 g cukru kokosowego
- 5 jajek
- 2 tabliczki gorzkiej czekolady (np. 80%)
- 2 łyżki kakao

KOKOSOWA ŚMIETANKA

- 2 puszki schłodzonego mleczka kokosowego (gęsta część)
- 4 łyżki dobrze rozdrobnionego lub zmielonego ksylitolu
- sok z ½ cytryny lub limonki
- owoce leśne i truskawki do dekoracji

Przygotuj ciasto. Czekoladę rozpuść w garnku razem z olejem kokosowym. Do miski wbij 4 białka jajek, dodaj 50 g cukru kokosowego i ubijaj do momentu powstania piany. Do drugiej miski wsyp resztę cukru oraz żółtka i jedno jajko. Do piany białek dodaj czekoladę, kakao, wymieszaj i dolej do drugiej mieszanki z żółtkami. Wymieszaj i całość przelej do okrągłej tortownicy wyłożonej papierem do pieczenia. Wstaw do piekarnika rozgrzanego do 180°C i piecz przez ok. 40 minut. Odstaw do wystygnięcia. Ciasto będzie się zapadało, ale to normalne.

W międzyczasie wyjmij mleczko kokosowe z lodówki i przelej do miski tylko gęstą część. Następnie dodaj ksylitol i sok z cytryny. Ubij na pianę przy użyciu blendera.

Gotową śmietankę kokosową wyłóż na ciasto, a następnie udekoruj owocami.

* tortownica o średnicy 24–26 cm

Ciasto z rabarbarem i jagodami

10–12 PORCJI (1 PORCJA – OK. 385 KCAL)

Rabarbar zawiera wiele składników korzystnie wpływających na zdrowie człowieka. Jest on dobrym źródłem witaminy C i karotenoidów, kwasu foliowego, a także zawiera sporo błonnika, potasu i żelaza. Należy jednak pamiętać, że rabarbar zawiera także duże ilości kwasu szczawiowego, wobec tego m.in. osoby z kamicą nerkową i dną moczanową powinny go unikać. W mojej kuchni rabarbar znalazł zastosowanie w wielu daniach i deserach. Najbardziej jednak lubię dodawać go do ciast. Oto przepis na pyszne ciasto z jagodami i rabarbarem.

SKŁADNIKI:

- 2 szklanki płatków owsianych
- 2 szklanki rabarbaru
- 1 szklanka mąki owsianej (czasem dodaję kasztanową)
- 1 szklanka jagód lub borówek
- ½ szklanki wody
- 200 g masła klarowanego ghee
- 1 szklanka cukru kokosowego
- 2 łyżki mąki ziemniaczanej
- ½ łyżeczki cynamonu
- szczypta soli himalajskiej
- masło z orzechów nerkowca (opcjonalnie)
- 1 garść płatków migdałowych (do dekoracji)

Rabarbar z jagodami i połową szklanki cukru kokosowego ugotuj w garnuszku z wodą. Do miski wsyp wszystkie produkty suche oraz dodaj roztopione masło klarowane ghee. Wszystko wymieszaj, przełóż do naczynia żaroodpornego, posyp płatkami i piecz przez 30–40 minut w temperaturze 180°C. Ciasto możesz podawać z masłem z nerkowców.

BIO
MUS KOKOSOW

„Snickers" by Ann

Ulubione ciasto mojej przyjaciółki Oli

10–12 PORCJI (1 PORCJA – OK. 400 KCAL)

Uwaga! To ciasto uzależnia i znika z talerza w błyskawicznym tempie. Ten, kto lubi smak kokosa – będzie wniebowzięty. Gwarantuję!

SKŁADNIKI:

SPÓD

- 10–12 daktyli medjool
- 2 szklanki wiórków kokosowych
- 1 duża łyżka oleju kokosowego

MASA KOKOSOWA

- 250 g kaszy jaglanej
- 1 szklanka napoju roślinnego
- 3 łyżeczki cukru kokosowego
- 1 łyżeczka oleju kokosowego
- ok. 100 g musu kokosowego Foods by Ann lub innego musu kokosowego bio
- sok z ½ limonki

POLEWA

- 250 ml mleczka kokosowego (gęsta część)
- 4 łyżki masła orzechowego
- 3–4 łyżeczki cukru kokosowego

Wydryluj daktyle z pestek, sparz wrzątkiem i namocz na ok. 15 minut.

Wrzuć do miski wszystkie składniki na spód ciasta, dobrze je zmiksuj, wyłóż ciasto do okrągłej foremki i wstaw do lodówki.

Kaszę jaglaną opłucz dwa razy pod zimną bieżącą wodą, ugotuj według wskazówek na opakowaniu. Pod koniec gotowania, kiedy woda zacznie się wchłaniać, dodaj mleczko kokosowe i gotuj do momentu wchłonięcia. Odstaw pod przykryciem do wystygnięcia. Następnie zmiksuj ostudzoną kaszę z pozostałymi składnikami na masę. Wlej na spód ciasta i ponownie wstaw do lodówki na ok. 30 minut.

Przygotuj polewę. Podgrzej mleczko kokosowe na średnim ogniu. Mieszając, dodaj cukier i masło orzechowe. Przestudzoną polewę wylej na ciasto i wstaw na noc do lodówki.

Bananowy chlebek

OK. 20 PORCJI (1 PORCJA – OK. 285 KCAL)

SKŁADNIKI:

- 400 g płatków owsianych Foods by Ann
- 270 g klarowanego masła ghee Foods by Ann lub innego masła klarowanego ghee
- 225 g suszonych daktyli bez pestek
- 150 g cukru kokosowego
- 90 g orzechów włoskich
- 4 banany
- 2 jajka
- 3 łyżeczki bezglutenowego proszku do pieczenia
- 1 łyżeczka sody oczyszczonej
- 1½ łyżeczki soli himalajskiej

Daktyle pokrój na cząstki i namocz w ciepłej wodzie na 30 minut. Płatki owsiane zmiel w malakserze na mąkę. Wsyp mąkę owsianą do miski, dodaj do niej proszek do pieczenia, sodę oczyszczoną, cukier kokosowy oraz sól himalajską i dokładnie wymieszaj. Pokrój drobno orzechy. W malakserze zmiksuj namoczone daktyle, banany, jajka oraz masło klarowane ghee. Dodaj masę bananowo-daktylową do wymieszanych wcześniej suchych składników, następnie pokrojone orzechy i całość dobrze wymieszaj aż do uzyskania jednolitej masy. Przełóż masę do 2 foremek (30×12 cm) wyłożonych papierem do pieczenia. Piecz przez 80 minut w temperaturze 160°C lub ustaw program „Chlebek bananowy" w piekarniku.

Ciasto marchewkowe z migdałami

10–12 PORCJI (1 PORCJA – OK. 220 KCAL)

Ciasto marchewkowe ma w moim domu szczególne względy. ☺ Jest jednym z najbardziej lubianych deserów, więc chętnie je przyrządzam, modyfikuję i staram się udoskonalić. Oto wersja na mące z bezglutenowych płatków owsianych.

SKŁADNIKI:

- ½ kg marchewki
- 4 jajka
- 150 g płatków owsianych bezglutenowych lub mąki bezglutenowej
- ½ szklanki rodzynek i żurawiny
- 3 łyżki syropu klonowego
- 4 łyżki oleju kokosowego
- 1 łyżeczka bezglutenowego proszku do pieczenia
- 2 garści płatków migdałów
- 1 szczypta cynamonu
- 1 szczypta kardamonu
- 1 szczypta gałki muszkatołowej

Marchew zetrzyj na tarce, a płatki owsiane zmiel na mąkę. Ubij na sztywną pianę białka jajek z syropem klonowym. Dodaj żółtka oraz resztę składników i wszystko dobrze wymieszaj. Ciasto przelej do foremki wyłożonej papierem do pieczenia. Piecz przez ok. 60 minut w temperaturze 180°C.

Ciasto z jagodami

10–12 PORCJI (1 PORCJA – OK. 200 KCAL)

Oto bezglutenowa słodkość – ciasto z jagodami. Bardzo lubię granatowe owoce borówki czernicy, ich smak i zapach, który kojarzy mi się z lasem. Przypominają dziecięce wyprawy do lasu i poszukiwanie schowanych przed zbieraczami małych kulek. ☺ Jagody są nie tylko pyszne – ale również zdrowe. Są bogate w składniki mineralne, wapń, żelazo, miedź i fosfor oraz witaminy: A, B1, B6, B2, C i PP.

Świeżymi jagodami możemy cieszyć się latem, ale na szczęście można je mrozić i suszyć – nie tracą bowiem swoich cennych właściwości.

SKŁADNIKI:

CIASTO

- 2 szklanki napoju ryżowego
- 1 szklanka mąki gryczanej
- 1 szklanka mąki ryżowej
- 3 łyżki masła klarowanego ghee
- 2 łyżki ksylitolu
- 1 czubata łyżka siemienia lnianego złocistego
- 1 łyżka kakao
- 1 łyżeczka proszku do pieczenia bez glutenu
- ½ łyżeczki sody oczyszczonej
- 1 szczypta cynamonu
- wanilia

KREM DAKTYLOWY

- 8 daktyli
- 150 ml napoju ryżowego
- ½ tabliczki gorzkiej czekolady lub 3 łyżki kakao
- sok z ½ cytryny
- 1 szczypta chilli

MUS JAGODOWY

- 1 szklanka + 1 garść jagód
- 1 łyżeczka ksylitolu
- kawałek laski wanilii
- 1 garść jagód do dekoracji

Wymieszaj wszystkie składniki na ciasto. Blachę wysmaruj klarowanym masłem ghee. Piecz przez 25 minut w temperaturze 180°C.

Daktyle wydryluj i ugotuj w napoju ryżowym, rozpuść czekoladę, dodaj do niej ugotowane daktyle i dobrze zmiksuj.

Szklankę jagód zmiksuj z ksylitolem i chwilę podgotuj, dodając kawałek laski wanilii. Mus wymieszaj z kremem z daktyli. Następnie dodaj garść jagód i delikatnie przemieszaj. Wyłóż masę na ciasto i rozsmaruj. Posyp świeżymi jagodami. Zimą do przygotowania musu możesz użyć domowego dżemu jagodowego.

Kostki czekoladowego ciasta

7–8 PORCJI (1 PORCJA – OK. 350 KCAL)

SKŁADNIKI:

- 220 g cukru kokosowego
- 125 g zwykłej mąki bezglutenowej (u mnie mieszanka mąk bezglutenowych)
- 110 g masła klarowanego ghee
- 1 jajko
- 1 łyżka kakao
- 2 łyżeczki ekstraktu waniliowego
- ½ łyżeczki proszku do pieczenia
- 1 szczypta sody oczyszczonej
- 1 szczypta soli morskiej
- 100 g chipsów z ciemnej czekolady

Na średnim ogniu rozpuść masło klarowane ghee w małym rondlu. Wlej roztopione masło do dużej miski, miksuj, ubijając z jajkami, cukrem i wanilią, aż mieszanka będzie gładka. Dodaj proszek do pieczenia, sodę, mąkę i dobrze wymieszaj. Następnie dodaj szczyptę soli morskiej i chipsy czekoladowe.

Formę wyłóż papierem do pieczenia, wlej ciasto i piecz 30 minut w temperaturze 180°C. Gotowe ciasto po całkowitym ostygnięciu powinno być zwarte i kruche.

Ciasto bananowo--truskawkowo-jagodowe

8–9 PORCJI (1 PORCJA – OK. 315 KCAL)

Lato, to idealny czas na ciasta owocowe, w których można wykorzystać dostępne produkty sezonowe. Ja do tego ciasta wykorzystałam truskawki, maliny i jagody, które akurat miałam w domu. Banan nadał ciastu odpowiednią konsystencję i słodycz.

SKŁADNIKI:

- 3 rozdrobnione banany
- 2 jajka
- 1 szklanka mąki ryżowej
- 1 szklanka wiórków kokosowych
- 1 szklanka napoju roślinnego
- po ½ szklanki truskawek, malin, jagód
- 3 łyżki musu kokosowego
- ½ szklanki cukru kokosowego
- ⅓ szklanki orzechów laskowych
- 2 łyżki kakao
- 1 łyżeczka sody oczyszczonej
- 1 łyżka oleju kokosowego
- 1 szczypta cynamonu

Wszystkie składniki, poza owocami i orzechami, zblenduj – te składniki dodaj później i wszystko wymieszaj. Posmaruj foremkę tłuszczem, wlej do niej masę. Piecz przez ok. 45 minut w temperaturze 180°C. Pozostaw ciasto w piekarniku do wystygnięcia.

Wiosenny „sernik" z kaszy jaglanej z musem i malinami

10–12 PORCJI (1 PORCJA – OK. 270 KCAL)

Uwielbiam kaszę jaglaną. Jest smaczna, zdrowa, nie wymaga długiego gotowania i co dla mnie istotne – nie zawiera glutenu. Wykorzystałam ją do przygotowania „sernika" w wersji bez glutenu i laktozy. Ciasto jest naprawdę szybkie w przygotowaniu, a do tego zdrowe i pyszne.

SKŁADNIKI:

CIASTO

- 400 ml napoju kokosowego
- 1 szklanka wody
- 200 ml mleczka kokosowego z puszki (gęsta część)
- 200 g kaszy jaglanej
- 150 g wiórków kokosowych
- 50 g mąki kokosowej
- ½ szklanki + 2 łyżki cukru kokosowego
- sok z limonki, cytryny lub pomarańczy
- ekstrakt z wanilii
- tłuszcz do posmarowania blachy
- 2 garści malin

MUS

- 1 awokado
- 5 daktyli

POSYPKA

- wiórki kokosowe
- cukier kokosowy

Kaszę jaglaną opłucz dwukrotnie pod bieżącą zimną wodą. Następnie wrzuć ją do gotującej się wody. Dodaj 400 ml mleczka kokosowego i gotuj, aż kasza będzie miękka. Odstaw do wystygnięcia, po czym dodaj sok z cytryny, cukier i wiórki kokosowe, mąkę, ekstrakt z wanilii oraz gęstą część mleczka kokosowego. Zblenduj wszystkie składniki na gładko. Okrągłą blaszkę posmaruj tłuszczem i przełóż do niej masę. Piecz przez 50–55 minut w temperaturze 180°C. Odstaw do ostygnięcia.

Daktyle zalej gorącą wodą, a następnie usuń z nich pestki. Zblenduj awokado i daktyle z wodą. Mus rozsmaruj na ostudzonym cieście. Na wierzchu ułóż maliny i posyp cukrem i wiórkami.

CIASTECZKA

ROZDZIAŁ 04

KISS

Pieguski w zdrowej odsłonie

OK. 30 SZTUK (1 SZTUKA – OK. 105 KCAL)

Pytacie mnie często: Anka, a Ty czasami nie masz ochoty na takie słodycze ze sklepu? Hm... trudno mi odpowiedzieć kiedy wiem, że pyszne słodkości można zrobić w domu w zdrowej wersji. ☺

SKŁADNIKI:

- 60 g mąki owsianej
- 40 g mąki ryżowej
- 40 g mąki jaglanej
- 40 ml napoju roślinnego lub wody
- 1 łyżeczka proszku do pieczenia
- 3 łyżki oleju kokosowego
- 3 łyżki cukru kokosowego
- 2 łyżki masła migdałowego
- 1 łyżka siemienia lnianego
- 150 g orzechów laskowych
- 1 tabliczka gorzkiej czekolady
- 1 szczypta soli

Olej kokosowy oraz nasiona lnu przez chwilę podgrzej, dodaj pozostałe składniki (poza orzechami i czekoladą) i wymieszaj. Masę wstaw na chwilę do lodówki, następnie dodaj posiekane orzechy oraz pokrojoną czekoladę i całość jeszcze raz wymieszaj. Uformuj ciasteczka i posyp je szczyptą soli morskiej. Piecz przez ok. 15 minut w temperaturze 180°C.

Kruche
ciasteczka
z
czekoladą

Kruche ciasteczka z czekoladą

OK. 35 SZTUK (1 SZTUKA – OK. 90 KCAL)

SKŁADNIKI:

- 2 szklanki mąki kukurydzianej
- ½ szklanki cukru kokosowego
- 150 g masła klarowanego ghee
- 6–8 kostek startej czekolady (opcjonalnie)
- 1 jajko
- 1 żółtko
- 1 szczypta sody oczyszczonej

Czekoladę zetrzyj na tarce. Wszystkie składniki wymieszaj, zagnieć ciasto i wstaw do lodówki na 30 minut. Wyjmij ciasto z lodówki, rozwałkuj je i za pomocą foremek wykrawaj ciasteczka. Jeśli ciasto będzie zbyt miękkie, możesz dodać trochę więcej mąki kukurydzianej. Ciasteczka piecz przez ok. 25 minut w temperaturze 180°C.

Kruche ciasteczka z cynamonową nutą

OK. 40 SZTUK (1 SZTUKA – OK. 60 KCAL)

SKŁADNIKI:

- 100 g mąki gryczanej
- 100 g mąki kukurydzianej
- 100 g cukru kokosowego
- 100 g masła klarowanego ghee
- 1 jajko
- 1 szczypta cynamonu

Wszystkie składniki wymieszaj, zagnieć ciasto i wstaw je do lodówki na 30 minut. Wyjmij ciasto z lodówki, rozwałkuj je i, za pomocą foremek, wykrawaj ciasteczka. Ciasteczka piecz przez około 25 minut w temperaturze 180°C.

Uwaga! Ciasteczka smakują najlepiej następnego dnia.

foods by Ann
GHEE
EKOLOGICZNE MASŁO KLAROWANE

Ciasteczka owsiane

OK. 35 SZTUK (1 SZTUKA – OK. 45 KCAL)

Co powiesz na zdrową owsianą przekąskę? Z kilku zawsze dostępnych w domu produktów zrobiłam ciastka owsiane! Sprawdzą się jako drugie śniadanie w pracy lub szkole, kiedy poziom energii w natłoku zajęć może gwałtownie spadać, a na to nie można sobie przecież pozwolić. Przygotowanie zajmuje bardzo mało czasu, więc zabieganie nie może być wymówką!

SKŁADNIKI:

- 1½ szklanki płatków owsianych
- 100 g cukru kokosowego
- 50 g masła orzechowego
- 1 garść rodzynek
- 1 jajko
- 4 łyżki masła klarowanego ghee

Płatki owsiane zalej wodą na noc. Rano dodaj pozostałe składniki i całość zblenduj. Uformuj ciasteczka i piecz przez ok. 8 minut w temperaturze 180°C. Pozostaw w piekarniku do wystygnięcia.

Ciasteczka amarantusowe

8–10 SZTUK (1 SZTUKA – OK. 45 KCAL)

SKŁADNIKI:

- 2/3 szklanki amarantusa ekspandowanego
- 10 niesiarkowanych rodzynek
- 1 jajko
- 1 łyżka wiórków kokosowych
- 1 łyżeczka gorzkiego kakao
- 1/2 łyżeczki oleju kokosowego

Rodzynki zalej wrzątkiem i odstaw na 15 minut.
Zblenduj jajko z rodzynkami, kakao i olejem.
Dodaj amarantus, wiórki i wymieszaj. Blachę wyłóż papierem do pieczenia, z masy uformuj kulki i lekko „rozpłaszcz" na ciasteczka. Piecz w temperaturze 180°C przez ok. 15 minut.

Zimowe ciasteczka

OK. 15 SZTUK (1 SZTUKA – OK. 110 KCAL)

SKŁADNIKI:

- 100 g mąki owsianej
- 30 g mąki kokosowej
- 10 g oleju kokosowego lub masła klarowanego ghee
- ½ szklanki rodzynek lub suszonej żurawiny
- 2 jajka
- 10 daktyli medjool bez pestek
- 2 łyżki cukru kokosowego lub syropu klonowego
- 2 łyżki wiórków kokosowych
- 1 łyżka kakao
- 1 szczypta soli morskiej
- po szczypcie: cynamonu, imbiru, kardamonu

Daktyle i rodzynki/żurawinę sparz wrzątkiem i namocz na ok. 15 minut. Miękkie daktyle zmiksuj z cukrem i jajkami, dodaj mąkę oraz, jeśli masa jest zbyt sucha, jeszcze jedno jajko (wszystko zależy od rodzaju daktyli). Wszystkie składniki zblenduj. Na koniec dodaj rodzynki/żurawinę i wymieszaj ręką. Piekarnik rozgrzej do temperatury 180°C, następnie uformuj ciasteczka i piecz je przez 10–15 minut. W połowie pieczenia przewróć ciasteczka na drugą stronę.

Ciasteczka na maksa czekoladowe

OK. 35 SZTUK (1 SZTUKA – OK. 85 KCAL)

SKŁADNIKI:

- 120 g cukru kokosowego
- 100 g bezglutenowej mąki owsianej
- 5 daktyli
- 2 tabliczki gorzkiej czekolady (80%)
- 2 jajka
- 1 duża łyżka oleju kokosowego
- 1 łyżka kakao
- 1 łyżka proszku do pieczenia
- kilka dowolnych orzechów (nerkowca, włoskie, laskowe)
- żurawina lub rodzynki – wg upodobań

Daktyle namocz we wrzątku na ok. 15 minut. Na małym ogniu rozpuść w rondelku czekoladę wraz z olejem kokosowym, cały czas mieszając. Następnie do misy robota kuchennego wsyp mąkę owsianą, cukier kokosowy, proszek do pieczenia, kakao, dodaj jajka, przygotowaną czekoladę i wydrylowane daktyle. Wszystko wymieszaj, a następnie dodaj orzechy i rodzynki.

Blaszkę do pieczenia wyłóż papierem, uformuj ciasteczka i piecz przez ok. 15 minut w temperaturze 180°C. Pozostaw w piekarniku do wystygnięcia.

BABECZKI I MUFFINY

ROZDZIAŁ 05

Muffiny marchewkowe

12 SZTUK (1 SZTUKA – OK. 245 KCAL)

SKŁADNIKI:

CIASTO

- 250 g startej marchewki
- 1½ szklanki mąki owsianej bezglutenowej*
- ½ szklanki tapioki
- ½ szklanki wody
- ¾ szklanki cukru kokosowego
- ⅓ szklanki oleju kokosowego
- 2 jajka
- 1 łyżka soku z cytryny
- 1 łyżka soku z pomarańczy
- 1 łyżeczka bezglutenowego proszku do pieczenia
- 1 łyżeczka cynamonu
- 1 szczypta gałki muszkatołowej
- 1 szczypta soli

KREM

- 1 puszka schłodzonego mleczka kokosowego
- 1 łyżka oleju kokosowego
- 1 łyżka miodu

Zetrzyj umytą i obraną marchewkę na tarce. W jednej misce wymieszaj suche składniki. W drugiej misce wymieszaj składniki mokre: wodę, olej, sok z cytryny i pomarańczy oraz jajka.
Do suchych składników dodaj mokre i dokładnie wymieszaj.
Jeżeli ciasto będzie zbyt gęste, dodaj niewielką ilość wody.
Na koniec dodaj startą marchewkę. Foremkę do muffinek** wyłóż papilotkami. Wylej przygotowane ciasto do papilotek (na wysokość ¾ foremki). Piecz przez ok 25 minut w temperaturze 180°C. →

Gdy muffinki się pieką, przygotuj krem. W kąpieli wodnej rozpuść olej kokosowy. Zdejmij miseczkę z garnka i dodaj łyżkę miodu. Odstaw do schłodzenia. Schłodzone mleko kokosowe ubij mikserem. Powoli, niewielkim strumieniem wlej do ubitego mleczka kokosowego schłodzony olej kokosowy z dodatkiem miodu. Wymieszaj i wstaw do lodówki na minimum 4 godziny.

Muffinki udekoruj kremem (za pomocą tylki i rękawa cukierniczego) oraz migdałami.

* Mąkę owsianą bezglutenową przygotujesz samodzielnie, wykorzystując bezglutenowe płatki owsiane Foods by Ann. Zmiel w malakserze dwa opakowania płatków do uzyskania mąki.

** forma do muffinów/aluminiowa foremka na 12 babeczek

Cynamonowe muffinki z komosy ryżowej

12 SZTUK (1 SZTUKA – OK. 190 KCAL)

SKŁADNIKI:

- 300 g komosy ryżowej
- 2 dojrzałe banany
- 2 łyżki masła klarowanego ghee
- 2 jajka
- 1 łyżeczka sody oczyszczonej
- 1 łyżeczka ekstraktu z wanilii
- 1 łyżeczka cynamonu
- 4 łyżki syropu klonowego lub miodu
- ok. 6–8 łyżeczek złocistego siemienia lnianego
- 60 g suszonej żurawiny (opcjonalnie rodzynki lub inne suszone owoce)

Komosę ryżową ugotuj na półtwardo. Piekarnik rozgrzej do 180°C. Do miski z komosą dodaj rozgniecione widelcem banany, jajka, masło klarowane ghee, przyprawy oraz siemię lniane i syrop klonowy. Wszystko dokładnie wymieszaj. Żurawinę sparz wrzątkiem i namocz na ok. 15 minut. Dodaj do reszty masy i ponownie wymieszaj. Foremkę do muffinek wyłóż papilotkami. Przełóż przygotowane ciasto do papilotek (na wysokość ¾ foremki). Piecz przez 30–40 minut. Odstaw do wystygnięcia.

* forma do muffinów/aluminiowa foremka na 12 babeczek

Płynące czekoladą babeczki

6 SZTUK (1 SZTUKA – OK. 300 KCAL)

Przyznajcie się, kto nie lubi czekolady? Ja o swojej słabości do niej wspominałam wielokrotnie. ;-)

Pamiętaj, że najzdrowsza czekolada, to ta gorzka. Unikaj czekolad, które mają mniej niż 60–70% kakao. Im wyższa zawartość kakao, tym lepiej!

SKŁADNIKI:

CIASTO

- 100 g gorzkiej czekolady
- 50 g masła klarowanego
- 2 jajka
- 3 łyżki cukru kokosowego
- 1 szczypta sody
- 1 szczypta cynamonu

POLEWA

- 30 g oleju kokosowego
- 30 g kakao
- 1 garść wiórków kokosowych

Czekoladę rozpuść w rondelku z masłem klarowanym (4 kostki zostaw nierozpuszczone). Ubij na sztywno pianę z białek z sodą oczyszczoną oraz cukrem kokosowym. Następnie połącz ją z czekoladą oraz żółtkiem i delikatnie wymieszaj. Pojemniczki na babeczki wysmaruj tłuszczem (masłem klarowanym ghee lub olejem kokosowym), włóż do środka po 1 kostce czekolady i zalej je przygotowanym wcześniej ciastem. Piecz babeczki przez 8–10 minut w temperaturze 200°C. Wyjmij je z piekarnika i odstaw do ostygnięcia. W rondelku rozpuść olej kokosowy i kakao – polewą oblej babeczki i na koniec posyp wiórkami kokosowymi.

Donuts by Ann

7 SZTUK (1 SZTUKA – OK. 325 KCAL)

SKŁADNIKI:

PĄCZKI

- 80 ml oleju kokosowego
- 70 ml miodu
- 4 jajka
- 100 g mąki kokosowej
- ½ łyżeczki sody

DODATKI

- 1 tabliczka gorzkiej czekolady (70% kakao)
- mus kokosowy
- chipsy kokosowe
- jagody goji
- pokruszone orzechy pistacjowe
- Lio Shake Burak (opcjonalnie)
- płatki migdałowe

Rozgrzej piekarnik do 180°C z funkcją pieczenia góra-dół. W misce wymieszaj dokładnie mąkę kokosową z sodą oczyszczoną. Olej kokosowy rozpuść w kąpieli wodnej. Po ostudzeniu umieść go razem z miodem w malakserze i blenduj do uzyskania jasnej i puszystej masy. Nie przerywając miksowania, dodaj jajka (po jednym). Na koniec wsyp zawartość miski z suchymi składnikami. Uzyskaną masę przełóż do foremek na około ½ wysokości. Piecz przez 12–15 minut. W tym czasie rozpuść czekoladę. Po upieczeniu pączki wystudź na kratce, a następnie udekoruj czekoladą, musem kokosowym i dodatkami.

Proste babeczki owsiano-bananowe

5–6 SZTUK (1 SZTUKA – OK. 200 KCAL)

Te proste babeczki przygotujesz w 5 minut, później na chwilę wstawisz do piekarnika i będziesz mogła się cieszyć ich przepysznym smakiem.

Aby były jeszcze zdrowsze, dodałam do nich acerolę. Acerola ma niezliczone właściwości, najcenniejszą z nich będzie bogactwo witaminy C. Dlatego sprawdzi się idealnie podczas jesieni i zimy, kiedy częściej dochodzi do obniżenia naszej odporności i przeziębień.

SKŁADNIKI:

- 2 banany
- 50 g cukru kokosowego
- 50 g masła klarowanego ghee
- 50 g mąki owsianej
- 1 łyżeczka aceroli (opcjonalnie)
- 1 szczypta sody oczyszczonej
- masło klarowane ghee do wysmarowania foremki

Wszystkie składniki zblenduj. Foremkę na muffiny wysmaruj masłem klarowanym ghee i wlej masę do ¾ wysokości foremki. Każdą muffinkę posyp acerolą i piecz 15–17 minut w temperaturze 180°C.

healthy plan by ann

Babeczki z kremem kokosowym

8 SZTUK (1 SZTUKA – OK. 220 KCAL)

SKŁADNIKI:

BABECZKI

- 1 szklanka mąki kokosowej lub migdałowej (sugeruję kokosową)
- ½ szklanki gęstego mleczka kokosowego
- ¼ szklanki wiórków kokosowych (+ do posypania)
- 1 jajko
- 3 łyżki surowego kakao w proszku
- 2 łyżki masła kokosowego
- 2 łyżki oleju kokosowego
- 2 łyżki cukru kokosowego lub innej substancji słodzącej, np. miodu
- 1 łyżeczka wanilii
- 1 łyżeczka cynamonu
- ¼ łyżeczki sody oczyszczonej

MASA KOKOSOWA

- 1 puszka gęstego, mocno schłodzonego mleczka kokosowego
- 1 łyżeczka ekstraktu z wanilii

W misce wymieszaj mąkę kokosową wraz z sodą, kakao i wiórkami kokosowymi. W osobnej misce wymieszaj jajko, mleko kokosowe oraz przyprawy i dodaj do mąki. Przełóż ciasto do foremki na muffinki. Piecz przez ok. 25 minut w temperaturze 180°C. Odstaw do wystygnięcia. Wyjmij z lodówki puszkę schłodzonego mleczka kokosowego (minimum 6 godzin w lodówce). Oddziel gęstą część od wodnistej. Do gęstej części dodaj wanilię i ubij mikserem, aż masa nie zrobi się puszysta. Nałóż masę kokosową na babeczki i posyp je wiórkami kokosowymi.

SŁODKIE CO NIECO

ROZDZIAŁ 06

Domowy kajmak w zdrowej wersji

(100 G – OK. 185 KCAL)

SKŁADNIKI:

- 150 g daktyli medjool
- 150 ml dobrze schłodzonego mleczka kokosowego (gęsta część)
- ½ łyżeczki kakao
- ½ łyżeczki wanilii

Daktyle namocz w gorącej wodzie na ok. 15 minut. Następnie dodaj wyjęte z lodówki mleczko kokosowe, kakao oraz wanilię i blenduj aż do uzyskania masy o odpowiedniej konsystencji.

* Czasem dodaję moje białko roślinne o smaku wanilii.

Domowa „nutella" z chilli

(100 G – OK. 215 KCAL)

SKŁADNIKI:

- 150 ml napoju ryżowego
- 10 daktyli medjool
- ½ tabliczki gorzkiej czekolady lub 3 łyżki kakao
- sok z ½ cytryny
- 1 szczypta chilli

Daktyle ugotuj w mleku. Wyjmij pestki łyżeczką. Rozpuść czekoladę, dodaj do napoju z daktylami. Dodaj również sok z cytryny i chilli. Wszystko dobrze zblenduj.

Kokosowa „nutella" by Ann

(100 G – OK. 260 KCAL)

Pyszna, kremowa i do przygotowania w 5 minut.
Czy może być coś lepszego? ☺

SKŁADNIKI:

- 100 ml jogurtu roślinnego
- 30 g musu kokosowego Foods by Ann lub innego musu kokosowego bio
- 30 g masła orzechowego
- 10 daktyli medjool
- 1 czubata łyżka kakao
- 1 szczypta chilli

Daktyle namocz we wrzątku na ok. 15 minut. Wyjmij pestki. Następnie wszystkie składniki zmiksuj na gładką masę.

Czy może być prościej? ☺

„Raffaello" w zdrowym wydaniu

OK. 25 SZTUK (1 SZTUKA – OK. 45 KCAL)

SKŁADNIKI:

- ½ szklanki (ok. 8 sztuk) daktyli medjool
- ⅓ szklanki kaszy jaglanej
- 2 szklanki napoju kokosowego
- 2 czubate łyżki musu kokosowego
- 1 łyżka sproszkowanej wanilii
- 1 łyżeczka cynamonu
- 1 łyżeczka kardamonu
- 1 garść wiórków kokosowych
- migdały (tyle, ile kulek)
- kilka kropli aromatu waniliowego

Daktyle namocz w gorącej wodzie na ok. 15 minut, następnie wyjmij z nich pestki. Kaszę jaglaną przepłucz dwa razy pod bieżącą zimną wodą i ugotuj w napoju kokosowym z dodatkiem niedużej ilości wody. Gotuj, aż kasza wchłonie płyn. Odstaw do wystygnięcia. Następnie kaszę zmiksuj z daktylami, dodając przyprawy, mus kokosowy i kilka kropli aromatu waniliowego. Uformuj kulki, wkładając do środka każdej z nich po jednym migdale. Gotowe kulki obtocz w wiórkach kokosowych i wstaw na noc do lodówki.

Domowy gigant „twix"

OK. 30 SZTUK (1 SZTUKA – OK. 220 KCAL)

SKŁADNIKI:

WARSTWA CHRUPKA

- 3 szklanki mąki migdałowej
- ⅓ szklanki dobrze schłodzonego mleczka kokosowego (gęsta część)
- ⅓ szklanki oleju kokosowego
- 2 łyżki syropu klonowego, ksylitolu lub innego słodu
- 1 szczypta soli morskiej

WARSTWA KARMELOWA

- 20 daktyli medjool
- ½ kubka dowolnego masła orzechowego
- 2 łyżki oleju kokosowego
- 2 szczypty soli morskiej

POLEWA

- ok. 3 tabliczki gorzkiej czekolady (ok. 240–300 g)
- 3 łyżki oleju kokosowego lub masła klarowanego ghee

Wymieszaj mąkę z solą morską. W garnku wymieszaj olej kokosowy, wyjęte z lodówki mleczko kokosowe (chłodzone przez co najmniej 12 godzin), syrop klonowy. Następnie dodaj masę do mąki i wszystkie składniki wymieszaj, uformuj kulę i wstaw do lodówki.

Przygotuj spód: w rondelku rozpuść jedną tabliczkę (80–100 g) czekolady gorzkiej z tłuszczem (1 łyżką oleju kokosowego lub masła klarowanego ghee). Podłużną keksówkę wyłóż papierem do pieczenia, wlej na spód czekoladę, wstaw do lodówki. →

Przygotuj warstwę chrupką: wyjmij wcześniej przygotowane ciasto z lodówki, rozwałkuj je na dwa prostokąty wielkości keksówki, widelcem ponakłuwaj ciasto.

Piecz przez ok. 15 minut w 150°C.

Przygotuj warstwę karmelową: daktyle namocz w gorącej wodzie na ok. 15 minut, a następnie wyjmij z nich pestki. Daktyle, masło orzechowe, olej kokosowy i sól zblenduj na gładką masę.

Wyłóż połowę masy karmelowej na zastygniętą czekoladę w keksówce, następnie połóż jeden prostokąt ciasta, wyłóż drugą połowę masy karmelowej i przykryj drugim prostokątem ciasta.

Przygotuj kolejną warstwę czekolady: w rondelku rozpuść tabliczkę (80–100 g) czekolady gorzkiej z tłuszczem (1 łyżką oleju kokosowego lub masła klarowanego ghee). Polej ciasto i wstaw do lodówki.

Wyjmij „twixa" z lodówki, obróć keksówkę i wyjmij z niej „twixa" i polej go po bokach trzecią częścią polewy czekoladowej (przygotowaną podobnie jak poprzednie).

Jeśli wystarczy czekolady, polej wierzch, robiąc szlaczki. Wstaw do lodówki i poczekaj, aż wszystko zastygnie.

Truskawkowe kulki mocy

OK. 25 SZTUK (1 SZTUKA – OK. 30 KCAL)

SKŁADNIKI:

- 100 g daktyli medjool
- 50 g kaszy jaglanej
- 100 ml napoju kokosowego
- 50 ml wody
- 4 łyżki wiórków kokosowych
- 3 łyżki LIO Shake Truskawka do obtoczenia (opcjonalnie)
- 1 łyżka miodu

Kaszę jaglaną ugotuj w napoju kokosowym i wodzie. Daktyle namocz w gorącej wodzie. Następnie pozbaw je pestek. Dodaj wszystkie składniki, zblenduj, uformuj kulki i obtocz w LIO Shake Truskawka.

Kulki mocy waniliowo-kokosowe

OK. 30 SZTUK (1 SZTUKA – OK. 65 KCAL)

SKŁADNIKI:

- 100 g musu kokosowego Foods by Ann lub innego musu kokosowego bio
- 50 g kaszy jaglanej
- 100 ml napoju kokosowego
- 50 ml wody
- 15 ml miodu lub syropu klonowego
- ½ szklanki (ok. 8 sztuk) daktyli medjool
- 1 łyżeczka wanilii
- 1 szczypta cynamonu
- wiórki kokosowe do obtoczenia

Kaszę jaglaną ugotuj w napoju kokosowym i wodzie. Daktyle namocz w gorącej wodzie. Dodaj wszystkie składniki, prócz wiórków kokosowych, zblenduj, uformuj kulki i obtocz w wiórkach.

be positive!

Chałwowe kulki mocy

10 SZTUK (1 SZTUKA – OK. 90 KCAL)

Sezam, to najstarsza roślina oleista. Jest bogatym źródłem wapnia, miedzi, magnezu, fosforu, żelaza, witaminy B1, cynku, molibdenu, selenu i błonnika. Oprócz wymienionych składników, sezam zawiera dwie wyjątkowe substancje: sezaminę i sezamolinę. Obie należą do grupy specjalnych włókien zwanych lignanami. Mają one działanie obniżające poziom cholesterolu, zapobiegają też nadciśnieniu. Sezamina chroni komórki wątroby przed uszkodzeniem oksydacyjnym.

SKŁADNIKI:

- ½ szklanki białego sezamu
- ½ szklanki siemienia lnianego (najlepiej złocistego)
- 3 łyżki syropu klonowego
- opcjonalnie: wiórki kokosowe do obtoczenia

Sezam przepłucz na sitku pod bieżącą wodą i osusz papierowym ręcznikiem. Następnie rozgrzej suchą patelnię i krótko go podpraż, po czym zmiksuj wraz z siemieniem lnianym w młynku do kawy (można w blenderze, ale jest to zdecydowanie trudniejsze).

Do garnuszka wlej syrop, podgrzej i dodaj mieszankę sezamowo-lnianą. Podgrzewaj na małym ogniu, cały czas mieszając, aż masa zgęstnieje. Pozostaw chwilę do wystygnięcia, a następnie uformuj kulki. Możesz obtoczyć je w wiórkach kokosowych, aby lepiej się trzymały i nie zlepiały. Wstaw do lodówki.

* Kulki najlepsze są następnego dnia.

Kulki mocy matcha

OK. 25 SZTUK (1 SZTUKA – OK. 80 KCAL)

Pomysły na kulki mocy chyba nigdy mi się nie skończą. ;-) Łatwość przygotowania i możliwość zabrania kulek ze sobą są ich ogromnymi atutami. Oto wyjątkowa, dalekowschodnia wersja tego przysmaku – z dodatkiem herbaty matcha.

Zalety herbaty matcha? Przede wszystkim relaks i uspokojenie, cenione od tysięcy lat przez buddyjskich mnichów. Dodatkowo samuraje cenili herbatę matcha za jej wpływ na poprawę wytrzymałości organizmu. Na przestrzeni wielu lat okazało się, że obniża również poziom złego cholesterolu (frakcji LDL), wzmacnia układ immunologiczny oraz przyspiesza spalanie tkanki tłuszczowej. Jak widzisz, korzyści z jej spożywania jest całkiem sporo!

SKŁADNIKI:

- ⅓ szklanki blanszowanych migdałów
- ⅓ szklanki orzechów nerkowca
- ⅓ szklanki pistacji
- 8 daktyli medjool
- 2 łyżki masła z nerkowców
- 1 łyżka sproszkowanej zielonej herbaty matcha
- 2 łyżki oleju kokosowego
- 2 łyżki syropu klonowego
- 1 garść posiekanych drobno pistacji (do obtoczenia)

Daktyle namocz w gorącej wodzie. Następnie pozbaw je pestek. Do misy robota kuchennego wsyp orzechy i zblenduj, aż uzyskasz konsystencję mąki. Następnie dodaj masło z nerkowców, sproszkowaną herbatę matcha, olej kokosowy oraz syrop klonowy i zblenduj wszystko. Pistacje posiekaj. Uformuj kulki i obtocz w pistacjach. Wstaw do lodówki.

Bajeczne batony czekoladowe

OK. 10 SZTUK (1 SZTUKA – OK. 215 KCAL)

Zapewniam, że te przepyszne batony skradną niejedno serce wielbicieli słodyczy. Szczególnie tych najmłodszych. ;-)

SKŁADNIKI:

- 100 g masła z orzechów laskowych
- 100 g orzechów laskowych
- 20 g mąki owsianej bezglutenowej
- 20 g mąki jaglanej lub ryżowej
- 1 tabliczka gorzkiej czekolady
- 50 ml napoju roślinnego, np. kokosowego
- 2 łyżki cukru kokosowego
- 1 łyżka kakao
- 1 szczypta soli morskiej

Do garnka wlej napój roślinny, dodaj połowę tabliczki czekolady, podgrzej na małym ogniu. Następnie dodaj mąkę, cukier kokosowy oraz kakao i dalej podgrzewaj na małym ogniu, cały czas mieszając, aż masa lekko zgęstnieje. Na koniec dodaj posiekane orzechy, masło orzechowe oraz szczyptę soli i całość dobrze wymieszaj. Masę przełóż do blaszki wyłożonej papierem do pieczenia i wstaw na kilka godzin do zamrażarki. Po wyjęciu pokrój w prostokąty. Drugą połówkę tabliczki czekolady rozpuść w garnuszku i polej batoniki. Wstaw batony do lodówki na godzinę.

Domowa czekolada z orzechową nutą

(100 G – OK. 590 KCAL)

Czekolada z orzechową nutą, rodzynkami i jagodami goji – czy to nie brzmi pysznie? A co powiesz na taką zdrową domową czekoladę, której przygotowanie zajmie 5 minut? Przygotuj, ładnie zapakuj i podziel się z bliskimi. Może sprawdzi się jako prezent? ☺

SKŁADNIKI:

- 100 g oleju kokosowego
- 100 g masła z nerkowców
- 4 łyżki miodu
- 2 łyżki kakao
- 1 szczypta cynamonu
- 1 szczypta kardamonu
- 1 szczypta soli morskiej (możesz użyć gruboziarnistej)
- dodatki: orzechy, jagody goji, rodzynki

W rondelku rozpuść olej kokosowy, dodaj kakao i masło z nerkowców. Mieszaj do rozpuszczenia. Dodaj przyprawy i gotuj jeszcze przez chwilę. Odstaw do wystygnięcia, dodaj miód i dobrze wymieszaj. Masę przełóż do foremki, posyp solą oraz dodatkami (orzechami, jagodami goji i rodzynkami). Wstaw na noc do lodówki.

Domowy dżem z jabłek

(100 G – OK. 50 KCAL)

SKŁADNIKI:

- 2 rodzaje jabłek (ja dodałam słodkie i kwaśne)
- 1 łyżeczka cynamonu na 1 kg jabłek
- goździki
- sok z cytryny (jeśli jabłka są kwaśne, wystarczy kilka kropli)
- woda

Jabłka umyj, obierz i wykrój gniazda nasienne. Następnie pokrój jabłka w cienkie plastry i duś pod przykryciem na głębokiej patelni lub w rondlu, dolewając w międzyczasie stopniowo wodę. Następnie dodaj cynamon i goździki. Pamiętaj, żeby na bieżąco mieszać jabłka! Pod koniec całość skrop sokiem z cytryny. Gotowy dżem przełóż do słoiczków (w razie potrzeby większe kawałki jabłek rozgnieć widelcem).

Domowa czekolada z granatem

(100 G – OK. 480 KCAL)

SKŁADNIKI:

- 100 ml oleju kokosowego (ok. 5 dużych łyżek)
- 60 g kakao 80% (ok. 4 łyżek)
- 1 granat
- 1–2 łyżki syropu klonowego lub miodu (według uznania, ja dodałam 1 łyżkę)
- 1 łyżeczka ekstraktu z wanilii
- kilka kropli soku, np. z pomarańczy (opcjonalnie)
- 1 garść chipsów kokosowych (duże płatki – nadadzą chrupkości)

Rozpuść w garnuszku olej kokosowy i kakao, dodaj syrop klonowy oraz wanilię i podgrzewaj na średnim ogniu, cały czas mieszając, przez ok. 4 minuty. Przygotuj płaską, szeroką foremkę, wyłóż ją papierem do pieczenia i wlej do niej płynną masę czekoladową.

Granat ostukaj metalową łyżką (dzięki temu łatwiej wydostaniesz pestki), obierz go, dodaj ziarenka do masy czekoladowej, skrop sokiem z pomarańczy i posyp chipsami kokosowymi (możesz wykorzystać też wiórki). Wstaw do lodówki na ok. 2 godziny.

Daktylowe krówki

OK. 30 SZTUK (1 SZTUKA – OK. 60 KCAL)

Długo myślałam, jak przygotować krówki w zdrowej wersji. Udało mi się stworzyć wersję daktylowo-sezamową. Przepis jest bardzo prosty, wypróbuj więc go koniecznie!

SKŁADNIKI:

- 150 g migdałów
- 10–12 daktyli medjool
- 2 łyżki oleju kokosowego
- 1 łyżka pasty tahini

Daktyle zalej gorącą wodą na ok. 15 minut. Pozbaw je pestek. Wszystkie składniki zmiksuj. Masę włóż w małe foremki w kształcie kwadracików. Wstaw na noc do zamrażarki. Krówki najlepiej podawać prosto z zamrażalnika, wtedy są lekko twarde, ale mimo to mają konsystencję w sam raz do... zjedzenia. ;-)

ZENIT

Puszysty krem bananowo-czekoladowy

3 PORCJE (1 PORCJA – OK. 310 KCAL)

SKŁADNIKI:

- 5–6 daktyli medjool
- 2 banany
- 1 szklanka napoju kokosowego (lub innego napoju roślinnego)
- 4 łyżki kakao
- 1 łyżka masła z nerkowców
- 1 łyżeczka kardamonu
- 1 szczypta cynamonu
- 1 szczypta wanilii
- 1 szczypta soli morskiej

Daktyle namocz w gorącej wodzie, a następnie usuń z nich pestki, włóż do garnuszka i gotuj w napoju roślinnym przez 10–12 minut. Dodaj przyprawy i kakao. Zmiksuj blenderem i jeszcze chwilę gotuj. Na koniec dodaj masło orzechowe i banany – jeszcze raz blendując. Przełóż do kubków.

Uwaga! Jeśli użyjesz mleczka kokosowego z puszki (gęstej części), krem zamieni się w pudding. Również przepyszny!

Trufle by Ann

OK. 25 SZTUK (1 SZTUKA – OK. 55 KCAL)

SKŁADNIKI:

- 100 g suszonych daktyli
- 100 g mąki migdałowej lub zblendowanych płatków migdałowych
- 2 łyżki syropu klonowego
- 2 łyżki wiórków kokosowych
- 2 łyżki kakao
- 1 łyżka oleju kokosowego
- 1 łyżka musu kokosowego
- 1 szczypta soli morskiej

Daktyle zalej wrzątkiem i odstaw na 10–15 minut. Olej kokosowy rozpuść, a płatki z migdałów zmiksuj na mąkę. Wszystkie składniki (z wyjątkiem kakao) dokładnie zblenduj. Uformuj kulki, obtocz je w kakao i wstaw do lodówki na 3 godziny.

DESERY

ROZDZIAŁ

07

Deser bananowy

1 PORCJA (OK. 420 KCAL)

SKŁADNIKI:

- 1 banan
- 2 łyżki gęstej części mleczka kokosowego
- 1 łyżka ksylitolu, cukru kokosowego lub miodu
- 1 łyżka kakao
- kilka kostek czekolady gorzkiej
- masło orzechowe (u mnie migdałowe)

Banana zblenduj z mleczkiem kokosowym, dodaj cukier i masło orzechowe. Czekoladę zetrzyj. Przełóż do szklanki połowę musu, do reszty dodaj kakao i wymieszaj, dodaj drugą część musu, wierzch posyp tartą czekoladą.

Pudding chia z bananem i borówkami

2 PORCJE (1 PORCJA – OK. 350 KCAL)

Nasiona chia są nie tylko dobrym źródłem niezbędnych wielonienasyconych kwasów tłuszczowych i błonnika, ale zawierają również znaczne ilości białka. Ziarna chia zawierają ponadto składniki o działaniu przeciwzapalnym i antyoksydacyjnym. Ich spożywanie może przynieść Ci wiele korzyści zdrowotnych. Wypróbuj koniecznie!

SKŁADNIKI:

- 1 szklanka napoju roślinnego
- 1 banan
- 2 łyżki nasion chia
- 2 łyżki syropu klonowego
- 1 garść borówek

Nasiona chia połącz z napojem roślinnym i syropem klonowym, energicznie mieszając przez ok. 1 minutę. Następnie wstaw pudding na godzinę do lodówki, dodaj rozgniecionego banana i wymieszaj. Posyp borówkami. Wstaw do lodówki na całą noc.

EKOLOGICZNE
MASŁO MIGDAŁO

Migdałowy pudding chia z granatem

2 PORCJE (1 PORCJA – OK. 170 KCAL)

SKŁADNIKI:

- 2 łyżki nasion chia
- 1 szklanka napoju kokosowego
- 1 łyżka masła migdałowego
- ¼ granatu
- 3 suszone, niesiarkowane daktyle
- 1 szczypta cynamonu

Daktyle namocz w gorącej wodzie na ok. 15 minut, następnie wyjmij z nich pestki.

Daktyle zblenduj z masłem migdałowym, cynamonem i napojem. Dodaj nasiona chia i dokładnie wymieszaj. Wstaw na noc do lodówki. Gotowy pudding udekoruj pestkami granatu.

Brownie Jar z truskawkami w kielichu

4 PORCJE (1 PORCJA – OK. 460 KCAL)

SKŁADNIKI:

- 200 g daktyli
- 50 g masła z orzechów laskowych
- 1 banan
- 2 łyżeczki kakao
- 2 łyżeczki sproszkowanego korzenia macy
- kilka truskawek
- bita śmietana roślinna
- 1 kawałek brownie

Daktyle namocz w gorącej wodzie przez 15 minut, wydrąż pestki. Przygotuj karmel: zblenduj daktyle, masło orzechowe, banana, kakao oraz macę. W kielichach ułóż warstwowo: karmel następnie truskawki, bitą śmietanę, pokruszony kawałek brownie, bitą śmietanę. Deser ozdób truskawkami.

Pudding z jabłkiem i ciasteczkami

3 PORCJE (1 PORCJA – OK. 275 KCAL)

Nie masz pomysłu na szybki deser? Myślisz o niezdrowych przekąskach? Przygotuj ten błyskawiczny pudding z jabłkiem i ciasteczkami. Zdrowe desery to przecież to, co tygryski lubią najbardziej. ;-)

SKŁADNIKI:

- 250 ml mleczka kokosowego (gęsta część) lub dowolnego jogurtu roślinnego
- 2 jabłka
- 3 łyżki wiórków kokosowych
- 1 łyżka cukru kokosowego
- 1 łyżka soku z cytryny lub limonki
- 3 łyżeczki żelatyny w proszku lub agar-agar
- 1 szczypta wanilii
- 1 szczypta cynamonu
- kilka pokruszonych ciasteczek owsianych

Żelatynę rozpuść w 2 łyżkach ciepłej wody. Następnie wymieszaj z mleczkiem kokosowym, wiórkami, sokiem z cytryny oraz cukrem kokosowym i chwilę podgrzewaj na małym ogniu. Jabłka umyj, obierz, pokrój w kostkę, wrzuć je do osobnego rondelka, podlej wodą i gotuj. Pod koniec dodaj przyprawy. Do naczynia przełóż mus jabłkowy, następnie dodaj mus kokosowy. Całość posyp pokruszonymi ciasteczkami.

Banoffee w kielichu

4 PORCJE (1 PORCJA – OK. 590 KCAL)

SKŁADNIKI:

SPÓD

- 150 g bezglutenowych herbatników
- 50 g masła z orzechów laskowych lub migdałowych
- 60 ml mleczka kokosowego (gęsta część)

KARMELOWY ŚRODEK

- 100 g daktyli medjool
- 60 ml napoju roślinnego
- 2 banany
- 2 łyżeczki kakao
- 1 łyżka oleju kokosowego

WARSTWA KOKOSOWA

- 150 ml dobrze schłodzonego mleczka kokosowego (gęsta część)
- 4 łyżki ksylitolu (dobrze rozdrobniony na puder)
- ok. 80 g gorzkiej czekolady – do posypania

Przygotuj spód: do miseczki włóż herbatniki i rozgnieć je, dodaj masło orzechowe oraz mleczko kokosowe, wszystko zblenduj w robocie kuchennym. Przełóż do kielichów.

Przygotuj warstwę karmelową: daktyle namocz w gorącej wodzie przez 15 minut, wydrąż pestki. Zblenduj daktyle, kakao, napój i olej kokosowy.

Karmel przełóż do kielichów. Dodaj pokrojone banany.

Przygotuj warstwę kokosową: mleczko kokosowe wyjmij z lodówki (najlepiej, gdyby było chłodzone nie mniej niż przez 10 godzin). Wyłóż do miseczki, dodaj ksylitol i zblenduj. Przełóż do kielichów.

Zetrzyj gorzką czekoladę i posyp deser. Wstaw do lodówki.

Kisiel wiśniowy

3–4 PORCJE (1 PORCJA – OK. 180 KCAL)

Oto pyszny letni deser z wiśniami w roli głównej. Słodycz kisielu przełamana lekko kwaskowym smakiem owoców. Pyszniej być nie może! Korzystajmy latem z dobrodziejstw sezonowych owoców, mają wtedy najwięcej walorów smakowych i wartości odżywczych.

SKŁADNIKI:

- 2 szklanki wiśni bez pestek
- 2 szklanki wody
- 1 łyżka zmielonego siemienia lnianego
- 3 łyżki cukru kokosowego
- 3 łyżki mąki ziemniaczanej

Do rondelka wsyp wydrylowane wiśnie, zalej wodą, dodaj siemię lniane i cukier kokosowy, gotuj przez ok. 5 minut. Mąkę rozpuść w ½ szklanki zimnej wody i dolej powoli do rondelka.
Gotuj aż do zagotowania, następnie odstaw do wystygnięcia.

Mus banan-awokado

2 PORCJE (1 PORCJA – OK. 240 KCAL)

SKŁADNIKI:

- 1 banan
- ½ awokado
- ½ szklanki mleczka kokosowego
- ½ garści orzechów nerkowca
- 1 łyżka wiórków kokosowych
- 1 łyżeczka kakao
- kilka kostek lodu (opcjonalnie)

Banana pokrój w plasterki i włóż na kilka godzin do zamrażarki. Zblenduj zmrożonego banana z pozostałymi składnikami. Możesz dodać 2–3 kostki lodu.

Karmelizowana gruszka z migdałami

2 PORCJE (1 PORCJA – OK. 225 KCAL)

Oto deser idealny. Karmelizowana gruszka z migdałami nie dość, że jest pyszna, to jest też łatwa w przygotowaniu. To przepis dobry również dla osób, które stawiają w kuchni pierwsze kroki.

SKŁADNIKI:

- 2 gruszki
- 2 łyżki cukru kokosowego
- 1 łyżeczka oleju kokosowego
- 1 łyżeczka ziarenek wanilii
- 1 szczypta soli morskiej
- płatki migdałów (do posypania)

Gruszki umyj, obierz i pokrój. Na patelni rozpuść olej, dodaj gruszki. Dodaj cukier kokosowy i karmelizuj je z każdej strony przez 3–4 minuty. Na koniec dopraw wanilią oraz szczyptą soli morskiej. Karmelizowane gruszki posyp płatkami migdałowymi.

Budyń kokosowy z musem kokosowym

3 PORCJE (1 PORCJA – OK. 215 KCAL)

Pysznie i bezkarnie! Tak chciałabym zachęcić Cię do przygotowania kokosowego budyniu z kaszy jaglanej. Możesz dodać do niego swoje ulubione owoce. ☺

SKŁADNIKI:

- 100 g kaszy jaglanej
- 2 szklanki napoju kokosowego
- 2 łyżki musu kokosowego
- 1 garść dowolnych owoców

Kaszę wypłucz dwukrotnie pod bieżącą zimną wodą. Ugotuj ją na średnim ogniu w napoju kokosowym. Dodaj dwie łyżki musu kokosowego. Wszystko zmiksuj aż do momentu uzyskania jednolitej masy. Owoce wrzuć do miseczki, a następnie przełóż do niej budyń.

Budyń kakaowy z orzechami

(1 PORCJA – OK. 325 KCAL)

SKŁADNIKI:

- ½ szklanki kaszy jaglanej
- ¾ szklanki napoju ryżowego
- ¾ szklanki wody
- 1 banan
- 1½ łyżki gorzkiego kakao
- 2 niesiarkowane suszone daktyle
- 3 orzechy laskowe
- 1 szczypta cynamonu

Daktyle namocz w gorącej wodzie przez 15 minut, wydrąż pestki. Kaszę przepłucz dwukrotnie pod bieżącą zimną wodą, po czym ugotuj na napoju i wodzie z dodatkiem kakao (według przepisu na opakowaniu). Dodaj banana, daktyle, cynamon, a następnie zblenduj wszystkie składniki. Jeśli masa jest zbyt rzadka, dodaj odrobinę mąki, na przykład jaglanej. Posyp budyń pokruszonymi orzechami.

Wegański mus czekoladowy

2 PORCJE (1 PORCJA – OK. 315 KCAL)

Oto przepis na wyśmienity wegański mus czekoladowy – bo w końcu kto nie lubi czekolady? Z powodu wysokiej kaloryczności (wynikającej z dużej zawartości cukru i tłuszczu), wielu z nas rezygnuje z jej spożywania. Należy jednak podkreślić, iż pomimo wysokiej zawartości cukrów czekolada o zawartości kakao powyżej 60% ma niski indeks glikemiczny (co oznacza, że po jej spożyciu nie następuje gwałtowny wzrost poziomu glukozy we krwi). Ponadto, jest ona dobrym źródłem wielu cennych składników aktywnych biologicznie, takich jak: witaminy, składniki mineralne oraz antyoksydanty. Najnowsze badania wykazują, że umiarkowane spożywanie gorzkiej czekolady może zmniejszać ryzyko chorób układu sercowo-naczyniowego.

SKŁADNIKI:

- 1 dojrzałe awokado
- 1 dojrzały banan
- 3 łyżki napoju roślinnego (np. kokosowego)
- 2 łyżki kakao
- 1 łyżeczka cukru kokosowego
- 1 garść dowolnych owoców leśnych
- kilka kawałków gorzkiej czekolady

Awokado i banana zmiksuj. Dodaj napój roślinny, kakao, cukier kokosowy i ponownie zblenduj. Posyp pokruszoną czekoladą i udekoruj owocami.

TARTY I TORTY

ROZDZIAŁ 08

Wegańska tarta kokosowo--ananasowa bez pieczenia

12 PORCJI (1 PORCJA – OK. 180 KCAL)

SKŁADNIKI:

SPÓD

- ¾ szklanki nerkowców
- 8 daktyli medjool
- ¼ szklanki wiórków kokosowych
- 2 łyżki nasion chia
- 1 szczypta soli morskiej

MASA

- 1 szklanka mleczka kokosowego (gęsta część)
- 2 plastry świeżego ananasa rozgniecione widelcem
- 2 łyżki wiórków kokosowych
- 1½ łyżki skrobi kukurydzianej
- 1–2 łyżki cukru kokosowego
- 1 łyżka soku z limonki
- wiórki kokosowe do posypania
- ulubione owoce do dekoracji

Daktyle namocz w ciepłej wodzie na około 5 minut. Do misy robota kuchennego dodaj wszystkie składniki na spód i zblenduj. Masę przełóż do formy do tarty (ok. 20 cm). Wstaw do lodówki. W tym czasie mleczko kokosowe, cukier, skrobię kukurydzianą podgrzej na średnim ogniu i mieszając, doprowadź do wrzenia. Całość zdejmij z ognia, dodaj wiórki kokosowe i ubijaj masę aż do uzyskania konsystencji gęstej zupy. Dodaj ananasa oraz sok z limonki i wymieszaj. Masę przełóż na spód tarty i posyp wiórkami. Wierzch udekoruj owocami. Tartę wstaw na noc do lodówki.

Happiness is a
piece of cake

Leśna tarta bez pieczenia

12 PORCJI (1 PORCJA – OK. 220 KCAL)

SKŁADNIKI:

SPÓD

- 200 g wiórków kokosowych
- 80 g pestek dyni
- 5 daktyli bez pestek
- 5 śliwek suszonych
- 2 łyżki oleju kokosowego

„LEŚNA" GALARETKA

- 250 g owoców leśnych (mogą być mrożone)
- 200 ml wody
- 1 łyżka żelatyny lub agar-agar
- 3 łyżki syropu klonowego
- lawenda do posypania
- borówki do dekoracji

W blenderze zmiksuj wiórki kokosowe, daktyle, pestki dyni i olej kokosowy. Z przygotowanej masy uformuj spód w formie do tarty lub w tortownicy (śr. 22–24 cm) i wstaw do lodówki na minimum 1 godzinę. W tym czasie w ciepłej wodzie rozpuść żelatynę, dodaj owoce leśne, zblenduj, dodaj syrop klonowy, dokładnie wymieszaj i pozostaw do wystudzenia. Przelej chłodną galaretkę na przygotowany wcześniej spód tarty, udekoruj borówkami i posyp lawendą. Wstaw do lodówki na 1–2 godziny.

Tarta z malinami bez glutenu, bez laktozy

10–12 PORCJI (1 PORCJA – OK. 300 KCAL)

Oto przepyszna tarta z malinami oraz owocami leśnymi bez glutenu i laktozy. Jeśli przychodzą do Ciebie goście i potrzebujesz zdrowego i szybkiego deseru, to jest to! Zobaczysz, że znajomi i rodzina będą zachwyceni i tarta w mgnieniu oka zniknie ze stołu. ☺

SKŁADNIKI:

- 250 g mąki owsianej bezglutenowej
- 1 żółtko
- 150 g masła klarowanego ghee
- 100 g cukru kokosowego
- ½ szklanki dżemu
- 1 szklanka owoców leśnych
- szczypta sody oczyszczonej
- 3 łyżki zimnej wody
- 3 łyżki syropu klonowego
- 4 łyżki nasion chia
- maliny do dekoracji

Do miski wrzuć mąkę, żółtko, schłodzone masło klarowane ghee (z lodówki), sodę oczyszczoną, cukier kokosowy oraz wodę i wyrób ciasto. Następnie wyłóż nim formę do tarty lub tortownicę. Piecz przez ok. 20 minut w temperaturze 180°C.

Dżem zmiksuj z owocami leśnymi, nasionami chia i syropem klonowym, wyłóż masę na wystudzony spód tarty i wstaw do lodówki na 20 minut.

Wierzch udekoruj malinami.

Tort wiśniowy w czekoladzie

12–14 PORCJI (1 PORCJA – OK. 240 KCAL)

SKŁADNIKI:

- 2 jajka
- 2 szklanki czereśni/wiśni bez pestek
- 100 g gorzkiej czekolady
- 1 szklanka mąki bezglutenowej
- 3/4 szklanki + 1 łyżka cukru kokosowego
- 1/2 szklanki schłodzonego mleczka kokosowego (gęsta część z puszki) lub innej śmietanki roślinnej
- 1/2 szklanki oleju kokosowego lub masła klarowanego ghee o temperaturze pokojowej
- 3 łyżki kakao
- 1 łyżeczka wanilii
- 1/2 łyżeczki proszku do pieczenia
- 1/2 łyżeczki sody oczyszczonej
- 1/4 łyżeczki soli morskiej
- 1 łyżka brandy (opcjonalnie)

Drylowane wiśnie wymieszaj z 1 łyżką cukru kokosowego (i opcjonalnie 1 łyżką brandy). Pozostaw owoce w marynacie przez godzinę.

W międzyczasie wymieszaj mąkę, kakao, proszek do pieczenia, sodę i sól, a olej kokosowy ubij z cukrem w osobnej misce. Do oleju ubitego z cukrem dodawaj jajka i ubijaj, aż masa będzie jasnożółta. Dodaj wanilię i dobrze wymieszaj.

Połącz 1/3 przygotowanej wcześniej mieszanki z mąką i wymieszaj całość. Następnie dodaj 1/2 mleczka kokosowego (gęstą część – wcześniej należy włożyć ją do lodówki), dobrze wymieszaj i dosyp kolejną część (1/3) mieszanki z mąką, ponownie dobrze wymieszaj, aż do połączenia produktów.

Dolej rozpuszczoną czekoladę i wymieszaj, następnie dodaj pozostałe mleczko kokosowe/śmietankę roślinną i ostatnią część mieszanki z mąką. Całość dokładnie wymieszaj.

Rozgrzej piekarnik do temperatury 180°C. Tortownicę o średnicy 22 cm wyłóż papierem do pieczenia (papier należy zawinąć na boki tak, aby nic się nie wylało z formy, ułatwi to także wyjmowanie ciasta).

Przełóż wiśnie do formy, a następnie na owocach równomiernie rozprowadź ciasto.

Piecz w temperaturze 180°C przez 50–55 minut.

Tort czekoladowy „Dla Roberta"

16 PORCJI (1 PORCJA – OK. 490 KCAL)

SKŁADNIKI:

SPÓD

- 3 jajka
- 5 łyżek cukru kokosowego
- 250 g mąki owsianej
- 3 łyżki oleju kokosowego
- 50 ml śmietanki roślinnej
- 2 łyżki bezglutenowego proszku do pieczenia
- 1 łyżeczka startej skórki z pomarańczy

POLEWA

- 2 tabliczki czekolady
- 150 g cukru kokosowego
- 1 łyżeczka oleju kokosowego
- pestki z 1 granatu do dekoracji

CIASTO CZEKOLADOWE

- 6 jajek
- 400 g malin lub czereśni (bez pestek)
- 250 g masła ghee
- 250 g gorzkiej czekolady
- 100 g cukru pudru z ksylitolu lub sorbitolu zblendowanego
- 1 łyżka ekstraktu z wanilii
- 4 łyżki kakao
- 1 szczypta soli

Jajka ubij z cukrem kokosowym. Pozostałe składniki zblenduj, dodaj pianę z jajek i cukru. Całą masę przełóż do tortownicy o średnicy ok. 20 cm wyłożonej papierem do pieczenia. Piecz przez około 10 minut w temperaturze 180°C. Odstaw do wystygnięcia.

Przygotuj ciasto czekoladowe. W garnuszku na małym ogniu rozpuść masło i czekoladę, dodaj ekstrakt z wanilii. Zdejmij garnek z ognia i dodaj kakao oraz szczyptę soli. Całość wymieszaj. Jajka ubij z cukrem. Delikatnie przełóż pianę z jaj do rozpuszczonej i przestudzonej czekolady i wszystko wymieszaj, dodając maliny w całości. Masę czekoladową przełóż na podpieczony spód i piecz całość w temperaturze 160°C przez około 50 minut, aż ciasto od góry będzie suche. Odstaw w chłodne miejsce.

W rondelku rozpuść czekoladę z cukrem kokosowym oraz odrobiną oleju kokosowego. Schłodzone ciasto oblej czekoladą i poczekaj, aż wystygnie. Wstaw do lodówki.

Przed podaniem posyp pestkami granatu.

Tarta z kremem jaglanym

12 PORCJI (1 PORCJA – OK. 230 KCAL)

SKŁADNIKI:

SPÓD

- 1¾ szklanki migdałów
- ¾ szklanki daktyli
- 1 szczypta soli morskiej

KREM

- 3 szklanki napoju sojowego
- ½ szklanki kaszy jaglanej
- ¼ szklanki ksylitolu
- 3 łyżki oleju kokosowego rafinowanego (bez zapachu, w stałej postaci)
- skórka otarta z 1 cytryny
- sok z ½ cytryny
- 1 szczypta soli morskiej
- owoce do dekoracji – borówki, jeżyny, truskawki, granat, maliny

Daktyle namocz w gorącej wodzie na minimum 15 minut. W malakserze zmiel migdały na mąkę i dodaj szczyptę soli. Dodaj namoczone daktyle i ponownie zblenduj na kleistą masę. Formę do tarty wyłóż papierem do pieczenia i uformuj spód tarty. Odstaw do lodówki do schłodzenia. →

W rondelku z grubym dnem umieść wszystkie składniki na krem. Postaw rondelek na mały ogień (na palniku elektrycznym poziom 2 lub 3). Często mieszaj kaszę, żeby się nie przypaliła i nie przywarła do dna. Kiedy kasza pochłonie większość płynów, przygotuj owoce, którymi chcesz udekorować tartę, oraz ręczny blender. Zblenduj krem na jednolitą masę tak, aby nie było grudek. Wyjmij formę z lodówki i na schłodzone dno wylej masę jaglaną. Tuż po wlaniu masy od razu udekoruj tartę owocami – wierzch kremu szybko zastyga i później owoce się nie trzymają.

Odstaw tartę do schłodzenia, później wstaw na co najmniej godzinę do lodówki przed podaniem.

Uwaga! Tartę przechowujemy w hermetycznym pojemniku i chowamy na noc do lodówki.

ROZDZIAŁ 09

NA ZIMNO

Lody kokosowe z polewą z owoców leśnych

4–5 PORCJI (1 PORCJA – OK. 330 KCAL)

SKŁADNIKI:

- 400 ml dobrze schłodzonego mleczka kokosowego (gęsta część)
- 100 g cukru kokosowego lub syropu klonowego
- ok. 50 ml (3 łyżki) oleju kokosowego
- ½ łyżeczki ekstraktu z wanilii
- 1 kubek dowolnych owoców leśnych lub truskawek
- maliny do dekoracji

Wszystkie składniki, poza owocami, zmiksuj blenderem na najwyższych obrotach do uzyskania jednolitej masy (cukier powinien się rozpuścić). Wyłóż do pojemnika na lody i wstaw do zamrażarki na 4 godziny. Przed podaniem zmiksuj owoce i polej nimi lody.

Jeśli lubisz bardzo słodkie lody, możesz dodać do polewy owocowej cukier kokosowy lub inną substancję słodzącą.

Zielone lody

4 PORCJE (1 PORCJA – OK. 225 KCAL)

SKŁADNIKI:

- 1 szklanka śmietanki kokosowej/gęstego mleczka kokosowego
- 1/3 szklanki orzechów nerkowca (namocz wcześniej na 4 godziny)
- 1/2 szklanki wody
- 1/2 szklanki miękkich daktyli (np. medjool)
- 2 łyżki LIO Shake Szpinak (opcjonalnie)
- 1 łyżeczka ekstraktu waniliowego

Namoczone i odcedzone nerkowce zblenduj w mikserze na jednolitą masę wraz z daktylami i mleczkiem kokosowym. Dodaj pozostałe składniki i ponownie zblenduj. Wlej do foremek, w jakich chcesz uzyskać lody, i włóż na noc do zamrażalnika.

Lody z kiwi

OK. 6 PORCJI (1 PORCJA – OK. 130 KCAL)

SKŁADNIKI:

- 10 kiwi
- 4 łyżki płynnego miodu

Kiwi obierz i wrzuć do miski lub blendera. Dodaj miód i wszystko zmiksuj. Przelej do foremek na lody, włóż do nich patyczki i wstaw do zamrażalnika. Możesz wykorzystać też pojemniki po jogurtach.

Lody o smaku „snickersa"

OK. 6 PORCJI (1 PORCJA – OK. 225 KCAL)

W upalne lato najlepszą ochłodą są lody. Co powiesz na lody o smaku „snickersa", tyle że w zdrowszej, ale równie smacznej wersji?

SKŁADNIKI:

- 10 świeżych daktyli
- 2 czubate łyżki ugotowanej kaszy jaglanej
- 1 łyżka musu kokosowego (opcjonalnie)
- 1 łyżka masła z nerkowców
- 1–2 łyżeczki kakao
- 1 łyżeczka oleju kokosowego
- 3 szczypty wanilii
- bezglutenowa granola lub rozdrobione orzechy i migdały (do posypania)

Kaszę przepłucz dwa razy pod bieżącą zimną wodą i ugotuj według przepisu na opakowaniu. Daktyle namocz na ok. 1 godzinę w gorącej wodzie. Następnie wszystkie składniki zblenduj. Masę przełóż do kubeczków, włóż do nich patyczki, a wierzch posyp granolą oraz pokruszonymi orzeszkami. Wstaw na kilka godzin do zamrażarki.

1/3 tsp
1 tsp

Brzoskwiniowe lody dla ochłody

OK. 6 PORCJI (1 PORCJA – OK. 105 KCAL)

SKŁADNIKI:

- 10 brzoskwiń
- 100 ml gęstego mleczka kokosowego

Brzoskwinie dokładnie umyj i obierz ze skórki. Następnie wyjmij pestki i wrzucić do miksera miąższ wraz z mleczkiem kokosowym. Całość dokładnie zmiksuj aż do uzyskania gładkiej masy – jeśli trzeba, dodaj nieco więcej mleczka. Przygotowaną masę brzoskwiniową wlej do foremki na lody. Wstaw na kilka godzin do zamrażarki.

enjoy
enjoy
ANNA LEWANDOWSKA
healthy plan by ann

Lody malinowo-bananowe

2 PORCJE (1 PORCJA – OK. 95 KCAL)

SKŁADNIKI:

- 100 g malin
- ½ banana
- 2 łyżki mleczka kokosowego
- 1 łyżka wiórków kokosowych
- ¼ łyżeczki ekstraktu waniliowego

Banana pokrój w plasterki, włóż wraz z malinami na noc do zamrażarki. Owoce zblenduj z mleczkiem kokosowym, ekstraktem waniliowym i ponownie wstaw do zamrażarki na 2–3 godziny. Całość przełóż do kubeczków i posyp wiórkami.

Mrożony koktajl bananowo-malinowy

4 PORCJE (1 PORCJA – OK. 100 KCAL)

SKŁADNIKI:

- 2 szklanki malin
- 2 zamrożone banany
- 2½ szklanki napoju roślinnego
- 1 szczypta ziarenek wanilii
- kilka kropli soku z cytryny

Banany pokrój w plasterki i zamroź. Mrożone banany, maliny, sok cytrynowy i wanilię zblenduj z napojem roślinnym.

ROZDZIAŁ 10

BOŻE NARODZENIE

Świąteczny piernik z nadzieniem

7–8 PORCJI (1 PORCJA – OK. 245 KCAL)

SKŁADNIKI:

- 100 napoju roślinnego, np. kokosowego
- 80 g mąki ryżowej (lub mieszanki bezglutenowej)
- 60 g rodzynek
- 60 g ksylitolu
- 50 g masła klarowanego ghee
- 1 jajko
- 1 tabliczka czekolady
- 2 łyżki oleju kokosowego
- 1 łyżka kakao
- 1 łyżeczka proszku do pieczenia
- ok. 2 łyżeczek przypraw korzennych do smaku
- dowolny dżem lub powidła

W małym rondelku rozpuść masło klarowane ghee, dodaj ksylitol, rodzynki oraz kakao, podgotuj i zblenduj. Do miski wsyp mąkę, proszek do pieczenia, jajko, napój roślinny oraz zblendowaną wcześniej masę. Wyłóż formę papierem do pieczenia. Przełóż do niej ciasto. Piecz przez ok. 45 minut w temperaturze 180°C.

Ciasto wyjmij i odstaw do wystygnięcia. Przekrój wzdłuż na pół, posmaruj jedną połowę powidłami, przykryj drugą połową, w garnuszku rozpuść czekoladę z olejem kokosowym i polej całe ciasto.

Świąteczne ciasto daktylowe

7–8 PORCJI (1 PORCJA – OK. 180 KCAL)

Jestem wielbicielką daktyli. Zawsze mam je nie tylko w domu, ale i w torebce – jako małą energetyczną przekąskę. Tym razem postanowiłam wykorzystać je w świątecznym cieście. Ich smak doskonale łączy się z migdałami i siemieniem lnianym, dając nam w rezultacie pyszne słodkie ciasto pełne wartości odżywczych, w tym niesamowicie ważnych kwasów tłuszczowych pochodzenia roślinnego. Nie tylko układ nerwowy będzie za nie wdzięczny, ale również żołądek – często obciążony ciężkostrawnymi świątecznym potrawami!

SKŁADNIKI:

- 1 szklanka migdałów
- ½ szklanki napoju roślinnego (np. owsianego, ryżowego)
- 5 czubatych łyżek niemielonego lnu złocistego
- 9 daktyli medjool
- 3 łyżki syropu z agawy lub miodu
- 1 łyżka oleju kokosowego
- 1 szczypta cynamonu
- 1 szczypta wanilii
- kilka goździków

Daktyle namocz przez 15 minut w gorącej wodzie. Zmiel migdały i len. Do miski dodaj daktyle, syrop z agawy, olej i napój roślinny. Całość ponownie zblenduj. Przełóż ciasto do formy i piecz przez ok. 40 minut w temperaturze 180°C.

Słony karmelowy krem z daktyli na święta

(100 G – OK. 600 KCAL)

SKŁADNIKI:

- 100 g daktyli
- 100 ml wody
- 1 łyżka oleju kokosowego
- 1 łyżeczka przyprawy piernikowej
- 1 łyżeczka masła z nerkowców (opcjonalnie musu kokosowego)
- ½ łyżeczki wanilii
- ½ łyżeczki soli morskiej (opcjonalnie)

Daktyle zalej wodą i gotuj w rondelku przez kilka minut. Ostudź i wyjmij pestki. Dodaj olej kokosowy oraz masło z nerkowców i gotuj jeszcze przez kilka minut. Następnie zblenduj. Na koniec dodaj przyprawy. Gotowy krem przełóż do słoiczka.

Powidła z korzennymi przyprawami

3 SŁOIKI PO OK. 250 ML (1 SŁOIK – OK. 415 KCAL)

SKŁADNIKI:

- 800 g obranych gruszek
- ok. 150 g cukru kokosowego
- 1 łyżka oleju kokosowego
- 1 łyżka kardamonu
- 1 łyżka cynamonu
- 1 szczypta wanilii
- 1 szczypta gałki muszkatołowej
- sok wyciśnięty z ½ cytryny

Na patelni rozpuść olej, dodaj cukier i zostaw na ogniu do czasu, aż cukier się rozpuści. Obrane i pokrojone gruszki podlej delikatnie wodą i ugotuj. Następnie przełóż je do cukru i jeszcze chwilę duś pod przykryciem. Dodaj przyprawy i całość zmiksuj. Na sam koniec skrop delikatnie sokiem z cytryny.

Świąteczne ciasto z ciecierzycy

8–9 PORCJI (1 PORCJA – OK. 260 KCAL)

Ciasto z ciecierzycy to dowód, że ciasto może być nie tylko smaczne, ale i pożywne! Spora dawka białka roślinnego w połączeniu ze smakiem czekolady. Doskonałe połączenie, które możesz wykorzystać podczas planowania bożonarodzeniowego menu.

SKŁADNIKI:

- 2 szklanki ugotowanej ciecierzycy
- ⅓ szklanki cukru kokosowego
- 200 g gorzkiej czekolady
- 50 g daktyli
- 2 jajka
- 1 łyżka oleju kokosowego
- 1 łyżeczka sody oczyszczonej lub proszku do pieczenia
- 1 szczypta kminku
- odrobina napoju roślinnego

Ciecierzycę namocz na 12 godzin w wodzie z kminkiem, a następnie ugotuj ją do miękkości. Daktyle zalej gorącą wodą i odstaw na około 15 minut. 130 g czekolady rozpuść w rondelku z olejem kokosowym (ok. 70 g czekolady zostaw na polewę). Wszystkie składniki zblenduj. Ciasto piecz przez 40–45 minut w temperaturze 180°C. Rozpuść pozostałą część czekolady i polej nią upieczone, ostudzone ciasto.

Świąteczny budyń z kaszy jaglanej

3 PORCJE (1 PORCJA – OK. 245 KCAL)

SKŁADNIKI:

- 250 ml napoju kokosowego
- 100 g kaszy jaglanej
- 8 śliwek świeżych lub suszonych
- 1 jabłko
- 1 łyżeczka oleju kokosowego
- 1 łyżeczka wanilii
- 1 łyżeczka cynamonu
- 1 łyżeczka kardamonu
- 1 łyżeczka cukru kokosowego
- ½ łyżeczki LIO Shake Żurawina (opcjonalnie)

Kaszę jaglaną przepłucz dwukrotnie pod bieżącą zimną wodą i ugotuj na napoju kokosowym według opisu na opakowaniu. Jeśli napój wchłonie się podczas gotowania, można dodać odrobinę wody. Pod koniec gotowania dodaj cukier kokosowy. Jabłko umyj, obierz i pokrój w kostkę, śliwki przekrój na pół i wyłóż na blachę do pieczenia. Owoce piecz przez ok. 15 minut w piekarniku nagrzanym do 180°C, aż będą miękkie. Jeśli używasz śliwek suszonych, zalej je wrzątkiem i odstaw na ok. 15 minut. Wszystkie składniki zblenduj. Włóż do miseczek i posyp budyń LIO Shake o smaku żurawinowym, który nada mu lekko kwaśnego smaku.

* Owoce możesz także karmelizować na patelni – wystarczy rozpuścić olej, dodać cukier kokosowy, następnie pokrojone owoce i dusić po 2–3 minuty z każdej strony.

Puszyste ciasto bananowo-marchewkowe z korzennymi przyprawami

8–9 PORCJI (1 PORCJA – OK. 190 KCAL)

SKŁADNIKI:

CIASTO

- 85 g mąki kokosowej
- 5–6 daktyli
- 2 banany
- 2 marchewki
- 3 jajka (oddzielnie białka i żółtka)
- 1 garść rodzynek
- 1 łyżka startej skórki z pomarańczy
- 1 łyżeczka proszku do pieczenia
- 1 szczypta wanilii
- 1 szczypta kardamonu
- 1 szczypta gałki muszkatołowej

POLEWA

- ½ tabliczki gorzkiej czekolady
- 1 łyżka cukru kokosowego
- 1 łyżka oleju kokosowego
- pokruszone ciasteczka (do posypania)

Marchewkę zetrzyj na tarce o grubych oczkach, a następnie zblenduj ją z bananem. Daktyle namocz we wrzątku i wyjmij z nich pestki. Zblenduj daktyle z żółtkami jajek. W osobnym naczyniu ubij białka na puszystą pianę. Wszystkie składniki połącz, dodaj do masy sparzone wrzątkiem rodzynki. Podłużną formę do ciasta wyłóż papierem. Przełóż do niej ciasto i piecz przez 30–40 minut w temperaturze 180°C, sprawdzając patyczkiem środek ciasta.

Przygotuj polewę: w rondelku roztop czekoladę z dodatkiem cukru i oleju kokosowego. Polej ciasto i posyp je pokruszonymi ciasteczkami.

Świąteczny sernik z pomarańczą

10–12 PORCJI (1 PORCJA – OK. 270 KCAL)

SKŁADNIKI:

SPÓD

- 120 g pestek z dyni
- 8–10 sparzonych daktyli bez pestek
- 100 g wiórków kokosowych
- 2 łyżki oleju kokosowego

MASA JOGURTOWA

- 1 litr jogurtu sojowego
- ½ szklanki rodzynek
- 3 łyżki agar-agar
- 4–5 łyżek syropu klonowego

POLEWA

- 2 pomarańcze
- 1 łyżka agar-agar
- 1 łyżka przypraw korzennych
- 1 łyżka syropu klonowego

W robocie kuchennym zmiksuj składniki na spód ciasta. Przełóż do wysmarowanej tłuszczem foremki i wstaw do lodówki.

Przygotuj masę jogurtową: do garnka włóż składniki na masę – jogurt roślinny, agar-agar, syrop klonowy. Gotuj, mieszając, przez ok. 8 minut. Na koniec dodaj rodzynki, wymieszaj i odstaw do lekkiego ostygnięcia na ok. 10 minut. Polej masą spód ciasta i ponownie odstaw do lodówki na ok. 1 godzinę.

Przygotuj polewę: obierz pomarańcze, odłóż 3–4 plasterki do przyozdobienia ciasta, a resztę zmiksuj wraz agar-agar oraz syropem klonowym. Podgotuj podobnie jak masę jogurtową. Następnie odstaw na krótką chwilę do ostygnięcia, aby polewa nie zdążyła zastygnąć. Polej nią wierzch ciasta, ułóż plastry pomarańczy i oprósz wiórkami kokosowymi. Wstaw ponownie do lodówki na ok. 30 min.

* Foremka do ciasta prostokątna 34×24 cm lub okrągła tortownica.

Pierniczki bezglutenowe

OK. 30 SZTUK (1 SZTUKA – OK. 70 KCAL)

SKŁADNIKI:

- 1 szklanka mąki gryczanej
- ½ szklanki mąki ryżowej
- ½ szklanki mąki jaglanej
- ½ szklanki cukru kokosowego lub miodu (możesz dodać mniej, wedle smaku i upodobań)
- 2 jajka
- 5–6 łyżek masła klarowanego ghee lub oleju kokosowego
- 3 łyżki cynamonu
- 1 łyżka kardamonu
- 1 łyżka imbiru
- 1 łyżeczka zmielonych zielonych goździków
- 1 szczypta soli morskiej
- 1 szczypta gałki muszkatołowej
- 1 szczypta sody

Masło utrzyj z jajkami. Osobno wymieszaj suche składniki. Piekarnik rozgrzej do temperatury 170°C. Połącz wszystko, wyrób ciasto, zawiń je w folię i wstaw na kilka minut do lodówki. Potem cienko rozwałkuj ciasto i wykrawaj pierniczki za pomocą foremek. Wyłóż blachę papierem do pieczenia i piecz pierniczki przez 15–20 minut. Uwaga – musisz pilnować pierniczków, nie mogą bowiem piec się zbyt długo.

WIELKANOC

ROZDZIAŁ 11

Mazurek kokosowy

8–10 PORCJI (1 PORCJA – OK. 240 KCAL)

SKŁADNIKI:

CIASTO

- 5 jajek
- 10 łyżek mąki kokosowej
- 2 łyżki oleju kokosowego
- 1 szczypta wanilii
- 1 szczypta soli

MASA CZEKOLADOWA

- 8 daktyli
- 150 ml śmietanki ryżowej
- 4 łyżki rumu
- 2 łyżki kakao
- 1 łyżeczka masła klarowanego
- do dekoracji: powidła z czarnej porzeczki, gorzka czekolada, migdały

Wrzuć wszystkie składniki na ciasto do misy robota kuchennego. Foremkę w kształcie prostokąta lub kwadratu wyłóż papierem. Następnie wyłóż ją cienką warstwą ciasta i piecz ok. 15 minut w temperaturze 180°C. Przygotuj masę: ugotuj daktyle w śmietance, wyjmij pestki, dodaj pozostałe składniki masy i całość zmiksuj. Kiedy spód ciasta ostygnie, wyłóż na niego przygotowaną masę i ozdób mazurek powidłami porzeczkowymi, rozpuszczoną czekoladą oraz migdałami.

Babka cytrynowo-pomarańczowa

OK. 15 PORCJI (1 PORCJA – OK. 265 KCAL)

SKŁADNIKI:

- 200–250 g cukru kokosowego
- 2 szklanki mąki ziemniaczanej lub skrobi kukurydzianej
- 5 jajek
- 200 ml masła klarowanego ghee
- 1 łyżeczka bezglutenowego proszku do pieczenia
- sok z ½ cytryny
- tarta skórka z cytryny i pomarańczy

Jajka ubij w całości, dodaj cukier kokosowy i dalej ubijaj, aż masa będzie puszysta. Mąkę ziemniaczaną wymieszaj z proszkiem do pieczenia i przesiej. Skórkę zetrzyj na tarce na małych oczkach. Dodaj resztę składników i wszystko wymieszaj. Piecz przez ok. 1 godzinę w temperaturze 180°C.

Babkę możesz polać polewą czekoladową.

Mazurek daktylowo-czekoladowy

OK. 10 PORCJI (1 PORCJA – OK. 320 KCAL)

Cóż to byłyby za święta bez mazurka? Znając mnie i moje kulinarne upodobania, domyślasz się zapewne, że mazurek na moim stole musi być zdrowy.

SKŁADNIKI:

- 1 szklanka daktyli
- 1 puszka mleczka kokosowego
- 100 g mąki owsianej bezglutenowej
- 100 g mąki ryżowej
- 30 g mąki kukurydzianej lub ziemniaczanej
- 80 ml masła klarowanego ghee
- 70 ml syropu klonowego/ miodu
- 1 garść chipsów kokosowych
- 2 łyżki kakao
- 1 łyżeczka proszku do pieczenia
- kilka migdałów
- kilka jagód goji

Wymieszaj mąki z proszkiem do pieczenia. Dodaj syrop klonowy oraz masło klarowane ghee i zagnieć ciasto. Foremkę w kształcie prostokąta lub kwadratu wyłóż papierem. Przełóż ciasto do formy i piecz ok. 15 minut w temperaturze 180°C. Daktyle namocz we wrzątku. Wyjmij pestki. Następnie daktyle zblenduj z mlekiem kokosowym, kakao i migdałami. Na ciasto wyłóż masę z daktyli i udekoruj chipsami kokosowymi oraz jagodami goji.

Babka z rodzynkami

OK. 10 PORCJI (1 PORCJA – OK. 245 KCAL)

SKŁADNIKI:

- 200 g startej cukinii
- 1 szklanka mąki jaglanej
- ½ szklanki oleju kokosowego
- 1 tabliczka czekolady
- 1 garść rodzynek
- 5 łyżek cukru kokosowego
- 4 łyżki gorącej wody
- 2 łyżki mielonego siemienia lnianego (lub 1 jajko)
- 1 łyżeczka proszku do pieczenia
- sok wyciśnięty z ½ cytryny
- tarta skórka z cytryny
- 1 szczypta soli morskiej

Suche składniki wymieszaj, siemię lniane zalej gorącą wodą i odstaw na kilkanaście minut (zamiast siemienia możesz dodać 1 jajko). Dodaj mokre składniki i wymieszaj. Cukinię zetrzyj na grubych oczkach tarki. Następnie wszystkie składniki zblenduj. Dodaj sparzone rodzynki. Formę na babkę wysmaruj tłuszczem. Piecz przez około 1 godzinę w temperaturze 180°C. Ciasto zostaw w piekarniku do wystudzenia. Czekoladę rozpuść i polej nią babkę.

Babka bezglutenowa

OK. 10 PORCJI (1 PORCJA – OK. 200 KCAL)

SKŁADNIKI:

- 5 białek
- 1 całe jajko
- ½ szklanki mąki ryżowej
- ½ szklanki wiórków kokosowych
- 4 łyżki miodu
- 3 łyżki masła klarowanego
- 1 płaska łyżeczka bezglutenowego proszku do pieczenia
- 1 garść rodzynek
- 1 łyżeczka ekstraktu waniliowego
- 1 tabliczka gorzkiej czekolady

Przesianą mąkę wymieszaj z proszkiem do pieczenia i wiórkami kokosowymi.

Ubij na wolnych obrotach białka, dodając stopniowo miód, ekstrakt waniliowy, rozpuszczone masło, jajko oraz mąkę z wiórkami. Następnie dodaj rodzynki. Wysmaruj formę olejem kokosowym i oprósz mąką. Wlej ciasto do formy. Całość piecz przez 20 minut w temperaturze 180°C. Rozpuść czekoladę w garnku (możesz dodać do niej łyżkę oleju kokosowego) i polej nią babkę.

KOKTAJLE

ROZDZIAŁ 12

Słodkie love

2 PORCJE (1 PORCJA – OK. 170 KCAL)

Bardzo lubię niekonwencjonalne połączenia produktów czy eksperymentowanie w kuchni. Dlatego zestawienie cukinii z malinami wywoływało u mnie delikatny dreszczyk emocji. ☺ I udało się! Koktajl jest sycący, a jednocześnie daje tak wiele energii, że warto po niego sięgać tuż przed treningiem. A w dodatku jego smak jest po prostu obłędny. Podbił moje podniebienie po pierwszym łyku! Ciekawa jestem, czy Ty też się w nim zakochasz. ;-)

SKŁADNIKI:

- 1 banan
- 1 szklanka wody lub napoju roślinnego
- ½ szklanki truskawek
- ½ szklanki malin
- ⅓ cukinii
- 4 daktyle
- 2 łyżki jagód goji
- 2 łyżki LIO Shake Truskawka (opcjonalnie)

Daktyle namocz w gorącej wodzie na ok. 15 minut, a następnie usuń pestki. Cukinię umyj i obierz. Umyj truskawki i usuń szypułki. Wszystkie składniki dobrze zblenduj.

Czekoladowe szaleństwo

2 PORCJE (1 PORCJA – OK. 270 KCAL)

Czekoladowe szaleństwo zachwyci Cię słodko-słonym smakiem. Ponadto idealnie sprawdzi się w roli posiłku około-treningowego. Uwielbiam delektować się jego smakiem.

SKŁADNIKI:

- 1 szklanka napoju kokosowego
- ½ szklanki wody
- 2–4 daktyle
- 1 garść migdałów
- 1 garść nasion słonecznika
- 4 łyżki ziaren kakaowca
- 1 łyżka kakao
- 1 łyżeczka gruboziarnistej soli morskiej
- ⅓ łyżeczki cynamonu
- ⅓ łyżeczki wanilii

Daktyle namocz w gorącej wodzie na ok. 15 minut, a następnie pozbaw pestek. Wszystkie składniki dobrze zblenduj.

Koktajl arbuzowy

2 PORCJE (1 PORCJA – OK. 126 KCAL)

Arbuz jest przede wszystkim źródłem wody (aż 90%), ale także karotenoidów, likopenu oraz cytruliny. Jeśli zależy Ci na dużej zawartości antyoksydantów czy likopenu, wybieraj jak najbardziej dojrzałe arbuzy. Im bardziej czerwony owoc, tym więcej w nim zbawiennych składników.

SKŁADNIKI:

- ok. 300 g miąższu arbuza
- 1 jabłko
- ½ cytryny
- 1 łyżeczka miodu
- 1 łyżeczka LIO Shake Truskawka (opcjonalnie)

Jabłko oraz cytrynę umyj i obierz. Wszystkie składniki zblenduj.

Smoothie o smaku „raffaello"

2 PORCJE (1 PORCJA – OK. 220 KCAL)

Oto kolejny przysmak o smaku mojego ulubionego kokosa. ☺ Tym razem wzbogaciłam kokosowy smak migdałową nutą.

Migdały to źródło tłuszczów jednonienasyconych, dzięki czemu wspomagają pracę serca i wpływają na utrzymanie odpowiedniego poziomu cholesterolu. Masło migdałowe to idealny dodatek do warzyw surowych oraz grillowanych, do mięs, owsianek, ale także do smoothie, co postanowiłam wykorzystać.

SKŁADNIKI:

- 300 ml napoju kokosowego
- 1 banan
- 1 mandarynka
- 1 łyżka wiórków kokosowych
- 1 łyżka płatków migdałowych
- 1 łyżka masła migdałowego
- 1 szczypta wanilii

Banana oraz mandarynkę umyj i obierz. Wszystkie składniki zblenduj.

„NEVER GIVE UP"
ANNA LEWANDOWSKA

Koktajl z bananem i szpinakiem

1 PORCJA (OK. 200 KCAL)

Grafik wypełniony po brzegi, brak czasu wolnego i chwili na przygotowanie posiłku. Brzmi znajomo? Życiowy pęd sprawia, że zapominamy, jak ważne jest, żeby zjeść w ciągu dnia pożywny posiłek. A przecież musimy skądś czerpać energię do działania! Koktajl z bananem i szpinakiem, to świetne rozwiązanie. Przygotujesz go w 3 minuty, później wystarczy przelać go do słoika lub butelki. Prościej się nie da. A uwierz mi, że uratuje Cię, kiedy odczujesz spadek sił.

SKŁADNIKI:

- 1 banan
- 1 szklanka napoju roślinnego (np. kokosowego)
- 1 łyżka LIO Shake Szpinak (opcjonalnie)
- 1 łyżeczka cukru kokosowego

Banana umyj i obierz. Wszystkie składniki zblenduj.

Koktajl z borówkami i bananem

2 PORCJE (1 PORCJA – OK. 220 KCAL)

W tym koktajlu pierwsze skrzypce grają borówki. Dzięki zawartości witaminy C oraz innych przeciwutleniaczy, charakteryzują się działaniem przeciwzapalnym. Łącząc borówki ze źródłem cynku i błonnika, jakim są płatki owsiane, otrzymasz koktajl wpływający na zwiększenie odporności. Pamiętaj, że każdy posiłek powinien zawierać warzywa bądź owoce. Wnoszą one do diety wiele dobroczynnych składników odżywczych.

SKŁADNIKI:

- 100 g borówek amerykańskich
- 20 g płatków owsianych
- 1 banan
- 3/4 szklanki napoju roślinnego

Płatki owsiane namocz na noc. Banana umyj i obierz. Dobrze wypłucz borówki. Wszystkie składniki zblenduj.

vegan
PROTEIN
BLEND
VANILLA
PASTA ORZECHOWA
TRUSKAWKA

Koktajl proteinowy

2 PORCJE (1 PORCJA – OK. 205 KCAL)

SKŁADNIKI:

- 2 łyżki płatków owsianych
- ½ szklanki napoju roślinnego, np. migdałowego
- ½ szklanki wody
- 20 g dowolnego białka wege (u mnie o smaku waniliowym)
- ½ łyżeczki pasty orzechowej Truskawka Foods by Ann (opcjonalnie)

Płatki owsiane zalej gorącą wodą na noc.
Wszystkie składniki zblenduj. Smacznego!

Napój malinowy z żurawiną

2 PORCJE (1 PORCJA – OK. 155 KCAL)

Świetną alternatywą na zatrzymanie smaku i wartości odżywczej warzyw i owoców jest proces liofilizacji. Polega na suszeniu produktów w specjalnych warunkach niskiej temperatury i ciśnienia (suszenie sublimacyjne). Dlatego w tym koktajlu wykorzystałam właśnie żurawinę w takiej formie. W połączeniu z bananem i malinami zasobnymi w błonnik, witaminy C, E, B1, B2, B6 oraz potas, magnez, wapń i żelazo, otrzymasz odżywczy shake, uzupełniający codzienne menu w komplet witamin i składników mineralnych wspomagających odporność organizmu. Na zdrowie!

SKŁADNIKI:

- 1 szklanka malin
- 3/4 szklanki napoju roślinnego, np. migdałowego lub kokosowego
- 2 banany
- 1 łyżeczka LIO Shake Żurawina

Banana umyj i obierz. Wszystkie składniki zblenduj. Udekoruj malinami i posyp LIO Shake Żurawina.

Koktajl figowy

2 PORCJE (1 PORCJA – OK. 180 KCAL)

SKŁADNIKI:

- 6 fig (najlepiej świeżych)
- 1 szklanka malin
- ½ ogórka
- 150 g boćwiny
- kilka kostek lodu

Jeśli używasz suszonych fig, namocz je w gorącej wodzie na ok. 30 minut. Ogórka umyj i obierz. Wszystkie składniki blenduj do uzyskania jednolitej konsystencji. Dodaj kostki lodu i ponownie zblenduj.

Burda Media Polska Sp. z o.o.
02-674 Warszawa, ul. Marynarska 15
Dział handlowy:
tel. (48) 22 360 38 38
fax (48) 22 360 38 49
Sprzedaż wysyłkowa:
Dział Obsługi Klienta, tel. (48) 22 360 37 77

Opracowanie redakcyjne i korekty: Melanż
Konsultacja dietetyczna: Ewa Kurowska
Projekt graficzny: Maciej Szymanowicz
Zdjęcie na I stronie okładki: Dorota Szulc
Współpraca: Monika Rebizant
Redaktor prowadząca: Agnieszka Radzikowska
Redaktor techniczny: Mariusz Teler

Zdjęcia: archiwum prywatne autorki (fot. Anna Lewandowska, Robert Lewandowski, Piotr Stachurski, Daria Niewczas), Aneta Zamielska, Marta Wojtal, Adam Mruk, Dorota Szulc, Manuel Pallhuber
StockFood (Charlotte Kibbles, B.&.E.Dudzinski, Jonathan Gregson, Joan Ransley, Mandy Reschke, John K Shipes, Miha Lorenčak, Magdalena Hendey, Sebastian Schollmeyer), Shutterstock

Druk: Perfekt, Warszawa

ISBN : 978-83-8053-750-7

www.burdaksiazki.pl
www.kultowy.pl